Europäischer Wirtschaftsführerschein

Alles für die Zertifikatsprüfung

von

Dipl.-Hdl.
Dr. Eberhard May
Studiendirektor

Dipl.-Kfm.
Hans Jürgen Fuß
Oberstudiendirektor

Dipl.-Kfm.
Gerhard F. Dürr

KURATORIUM
2004
Wirtschaftskompetenz
für Europa e.V.
KWE EMPFOHLEN

winklers®

Vorwort

Betriebswirtschaftliches Kernwissen gehört zur modernen Allgemeinbildung

Dass wirtschaftswissenschaftliche Grundkenntnisse Bestandteile der Allgemeinbildung sind, ist auch heute noch nicht so allgemein akzeptiert, wie man es aufgrund der zahlreichen öffentlichen Beteuerungen meinen könnte.

Über die Inhalte von „allgemeiner Bildung", also eines Bestandes an Wissen und Können, den möglichst alle Bürgerinnen und Bürger erreichen sollten, streiten sich pädagogische Philosophen und politische Praktiker seit ewigen Zeiten. Für alle Argumente haben sich bislang Gegenargumente finden lassen und die Parteien sind so unversöhnlich zerstritten, dass nicht wenige meinen, man sollte die Diskussion beenden. Vielleicht wäre es ohnedies gleichgültig, was denn die jungen Menschen zur Vorbereitung auf ihr berufliches und privates Leben erlernen, wenn sie nur überhaupt etwas lernen. Diese resignative Ansicht ist verständlich, hilft freilich nicht weiter. Denn in der Zwischenzeit hat man erkannt, dass das, was man früher die „Allgemeine Bildung" nannte, nichts anderes ist als die Summe aller „Schlüsselqualifikationen", die heute von den Experten als unerlässlich für jedwede längerfristige und höherwertige Berufstätigkeit erwartet werden.

Wer die Menschen beobachtet, die versuchen mit dem sich trotz vieler Konstanten wandelnden Alltag zurechtzukommen, der sieht sehr wohl konkrete „Bedarfe" an Wissen und Können, an „Qualifikationen", und zwar sowohl für berufliche Tätigkeiten als auch für die private Lebensgestaltung. Wenn man bei dieser Analyse nicht nur die Gegenwart, sondern auch die vergangenen Epochen betrachtet, dann erkennt man, dass sich die Bildungsanforderungen an die Menschen verändern: Vieles kommt hinzu, manches fällt weg. Ein bestimmter „Bildungssockel" bleibt freilich gleich. Und dementsprechend verändern sich auch die offiziellen und die heimlichen Pläne, nach denen Menschen lehren und lernen, was sie auch schon taten, als all die pädagogischen Fachbegriffe, die wir heute kennen und verwenden, noch gar nicht erfunden worden waren.

Die jeweiligen Zustände der Kultur und deren Teilmenge, der Zivilisation, hinterlassen in den Lehrplänen ihre Spuren, auch wenn die Konstrukteure der offiziellen Curricula stets ein wenig hinter dem „wirklichen Leben" herhinken. Erst verändert sich die Praxis und erst anschließend reagiert die Schule. Andersherum, wie es Ideologen wünschen, wäre möglich, aber nicht ungefährlich. Es konnte gar nicht ausbleiben, dass sich die geradezu exponentielle Vermehrung von technischem und ökonomischem Wissen in den Bildungsplänen wieder findet. Allerdings bis heute vornehmlich in solchen öffentlichen und privaten Bildungseinrichtungen, die auf spezielle Berufstätigkeiten vorbereiten. Natürlich wird auch in den allgemein bildenden Schulen das Thema „Wirtschaft" behandelt, aber das, was man betriebswirtschaftliches Kernwissen nennen kann, bleibt der speziellen Berufsbildung vorbehalten.

Kein Mensch würde heute bestreiten, dass betriebswirtschaftliche Grundkenntnisse für jeden Menschen von Bedeutung sind, gleichgültig, welchen Beruf er gewählt hat oder ausübt, aber dass das Wissen um Bilanz und Kostenrechnung, um Fragen der Gewährleistung und des Gesellschaftsrechtes zur Allgemeinbildung gehört, das ist für manchen konservativen Schöngeist oder fortschrittlichen Naturfreund doch nicht so leicht zu akzeptieren. Und doch ist es so: Ohne vollständig erlerntes betriebswirtschaftliches Kernwissen erwarten die Menschen heute sowohl im Berufsleben als auch in ihrer privaten Lebensgestaltung erhebliche Probleme. Wer die Augen offen hält und die regelmäßigen Medienberichte zur Kenntnis nimmt, der wird täglich und überall Bestätigungen dieser These finden.

Bleibt die Frage, wie man denn auf diese neue Anforderung an uns und unser Lernvermögen reagiert. Eigentlich ist das gar nicht so schwer. Die Bedarfslage ist ja eigentlich recht klar – oder doch nicht? Man muss der größten Zahl das höchstmögliche Wirtschaftswissen vermitteln, um eine traditionelle politische Forderung zu variieren. Wenn aber nicht jeder Mensch willens und in der Lage ist ein komplettes wirtschaftswissenschaftliches Studium zu absolvieren, was ist es denn, was er nun wirklich wissen muss, was ist der harte Kern, ohne den es nun einmal überhaupt nicht geht?

Das Kuratorium Wirtschaftskompetenz für Europa e. V. hat sich der Beantwortung dieser Frage verschrieben und hat von Experten, Praktikern aus der Wirtschaftspraxis und der Wirtschaftsdidaktik einen Lernzielkatalog für das geforderte Kernwissen erarbeiten lassen, der einen neuen didaktischen Weg geht. Dessen einzelne Elemente betreffen nicht die Wirtschaft im Allgemeinen, schon gar nicht das, was man unter dem Sammelbegriff „Nationalökonomie" zusammenfassen kann. Sie zentrieren sich vielmehr am Kern allen Wirtschaftens, am Begriff der „Wirtschaftlichkeit". Wenn denn in unserer „Welt der Knappheit" schon von Produzenten und Konsumenten rund um die Uhr „gewirtschaftet" werden muss, wie muss ich vorgehen, damit meine Tätigkeit auch wirklich „wirtschaftlich" ausfällt – und wie kann ich feststellen, ob das, was ich „erwirtschaftet" habe, auch tatsächlich wirtschaftlich hervorgebracht wurde. Das sind die gleichsam „härtesten" Kernfragen, die sich auch durch ein Wirtschaftsstudium, ja durch das Wirtschaftsleben insgesamt hindurchziehen und die gleichermaßen die Spitze wie die Basis der Wirtschaftenden betreffen. Sie gehören, davon ist das Kuratorium überzeugt, an den Anfang aller wirtschaftlichen Bildung, sie sind Bestandteil einer modernen Allgemeinbildung, ihre Beantwortung führt zu den erwähnten und vielfach beschworenen Schlüsselqualifikationen. Um diesem Anliegen Nachdruck zu verleihen, hat das Kuratorium die ideelle Trägerschaft über das standardisierte Zertifizierungssystem, das zum Erwerb des Europäischen Wirtschaftsführerscheins führt, übernommen.

Der Winklers Verlag, gleichermaßen Benchmark wie Schrittmacher wirtschaftlicher Bildung in Deutschland, hat als einer der ersten die Bedeutung dieses Ansatzes erkannt und sich den Initiativen des Kuratoriums Wirtschaftskompetenz für Europa e. V. mit bewundernswertem Engagement angeschlossen. In kürzester Zeit ist es seinem sachkundigen Autoren- und Redaktionsteam auf der Basis langjähriger Erfahrungen gelungen ein zeitgemäßes Lehrwerk zu erstellen, mit dessen Hilfe sich alle Interessierten – mit und vor allem auch ohne betriebswirtschaftliche Vorbildung – das Wissen aneignen können, das für das erfolgreiche Bestehen der Prüfung zum Europäischen Wirtschaftsführerschein erforderlich ist. Das umfangreiche Studienbuch, das sich auch als Basistext für Vorbereitungsseminare eignet, enthält neben allen Informationen, die den Lehrzielen des Europäischen Wirtschaftsführerscheins der Stufe A entsprechen, zahlreiche zusätzliche Materialien. Niemand muss sich auf das unabdingbare „Kernwissen" beschränken, wenn er mehr wissen will, aber wenn er den Europäischen Wirtschaftsführerschein erwerben will, dann reichen die Inhalte, die in den Materialien gekennzeichnet sind. Mithilfe des didaktisch sorgfältig aufbereiteten Aufgabenheftes kann man sich gezielt auf die Prüfung vorbereiten.

Das Kuratorium Wirtschaftskompetenz für Europa e. V. hat sorgfältig geprüft und das vorliegende Lehrwerk aus dem Winklers Verlag für die Vorbereitung auf die Prüfung zum Europäischen Wirtschaftsführerschein ausdrücklich **empfohlen.** Aber auch jeder Mensch, der, aus welchen Gründen auch immer, keine Zertifizierung anstrebt, kann von dem neuen Lehrwerk persönlich profitieren. Wenn er das, was darin enthalten ist, vollständig lernt, dann hat er nicht nur etwas für sein beruflich verwertbares Personalvermögen getan, er hat auch seine Allgemeinbildung vervollständigt.

Paderborn und Hagen i. W. im Mai 2004

Univ.-Prof. Dr. Dr. Gerhard E. Ortner

Vorsitzender des Vorstandes Kuratorium Wirtschaftskompetenz für Europa e. V.

1. Auflage, 2004
© Bildungshaus Schulbuchverlage
Westermann Schroedel Diesterweg
Schöningh Winklers GmbH
Postfach 11 15 52, 64230 Darmstadt
Telefon: 06151 8768-0 Fax: 06151 8768-61
http://www.winklers.de
Herstellung: Gerhard H. Rödel, Schopfheim
Druck: westermann druck GmbH, Braunschweig
ISBN 3-8045-**9730**-0

Themenbereich Bilanzierung

Themenbereich Kennzahlen-Analyse

Themenbereich Kostenrechnung

Themenbereich Gesellschaftsrecht

Einleitung

Immer mehr Unternehmen erwarten von ihren Mitarbeitern Kenntnisse in betrieblichen Prozessen und unternehmerischem Denken. Somit gehört ein fundiertes wirtschaftliches Kernwissen heute zu den wesentlichen Voraussetzungen für den beruflichen Erfolg. Der Verein „Kuratorium Wirtschaftskompetenz für Europa e. V." (KWE), der zur Jahreswende 2002/2003 von namhaften Vertretern aus Wirtschaft, Verwaltung und Wissenschaft gegründet wurde, hat sich zum Ziel gesetzt betriebswirtschaftliches Wissen auf breiter Ebene für jeden zugänglich zu machen. Adressaten der Initiative sind insbesondere Personen ohne betriebswirtschaftliche Ausbildung oder Vorkenntnisse, die in Wirtschaft und Verwaltung tätig sind und ihre berufliche Qualifikation verbessern bzw. ihren „Marktwert" durch diese gezielte Weiterbildungsmaßnahme steigern möchten.

Die Prüfung zum Europäischen Wirtschaftsführerschein der Stufe A kann derzeit in Deutschland, Österreich, der Schweiz und Ungarn in insgesamt weit über 100 akkreditierten Wirtschaftsführerschein-Prüfungszentren (WPZ) abgelegt werden. In nächster Zeit werden mindestens vier weitere Länder der Europäischen Union dazukommen.

Das vorliegende Lehrbuch wendet sich an Lehrende und Lernende und richtet sich nach dem offiziellen KWE-Lernzielkatalog zur Vorbereitung auf die Prüfung zum Europäischen Wirtschaftsführerschein. Ergänzend ist ein Aufgabenheft zum Europäischen Wirtschaftsführerschein erschienen (Best.-Nr. 9731), das zahlreiche Aufgaben mit Lösungen bietet und in Art und Aufbau der Aufgaben die offiziellen Prüfungsanforderungen berücksichtigt. Lehrbuch und Aufgabenheft schaffen somit die Voraussetzungen für ein erfolgreiches Bestehen der Prüfung und haben vom Kuratorium Wirtschaftskompetenz für Europa e. V. in Kombination das Gesamtzertifikat „**Empfohlen** für den Unterricht zur Vorbereitung auf die Prüfung zum Europäischen Wirtschaftsführerschein" erhalten.

Das Basiswissen der Stufe A des Europäischen Wirtschaftsführerscheins umfasst die Themenbereiche:

- Bilanzierung
- Kennzahlen-Analyse
- Kostenrechnung
- Gesellschaftsrecht

Im Themenbereich Bilanzierung werden die Grundkenntnisse vermittelt, die zum Verständnis des Jahresabschlusses eines Unternehmens nötig sind. Dazu gehören insbesondere bilanzielle Grundbegriffe und der Aufbau der Bilanz sowie die verschiedenen Formen der Gewinn- und Verlustrechnung. Das übergeordnete Lernziel dieses Themenbereichs ist es, einen Jahresabschluss korrekt lesen und erste Schlüsse im Hinblick auf die wirtschaftliche Situation des Unternehmens ziehen zu können.

Der Themenbereich Kennzahlen-Analyse ist eng mit dem Bereich Bilanzierung verbunden. Kennzahlen sind in der Regel Verhältniszahlen, die absolute Zahlen statistisch vergleichbar machen. Sie ermöglichen somit eine Analyse der Bilanz und Aussagen darüber, welche Ziele eines Unternehmens in welchem Ausmaß erreicht wurden. Während in der Bilanz die finanziellen Beziehungen des Unternehmens mit der Außenwelt erfasst werden, beschäftigt sich die Kostenrechnung mit den Vorgängen der innerbetrieblichen Leistungserstellung. Grundwissen in der Kalkulation sowie Kenntnisse der Rahmenbedingungen – wie Markt, Kunden, Wettbewerb, Selbstkosten – sind unabdingbar für erfolgreiches wirtschaftliches Handeln.

Im Themenbereich Gesellschaftsrecht werden die vielfältigen Möglichkeiten der Rechtsformen beschrieben, in welchen Unternehmen geführt werden können. Die für das Wirtschaftsleben wichtigsten Unternehmensformen werden anhand von Gründungsaufwand, Kapitalaufbringung, Haftung, Geschäftsführung, Vertretungsbefugnis und Ergebnisverteilung unterschieden. Das Lernziel dieses Themas ist es, mithilfe des Wissens um die Merkmale sowie die Vor- und Nachteile der einzelnen Unternehmensformen im konkreten Fall, die Entscheidung für eine bestimmte Rechtsform begründen zu können.

Der vom Kuratorium herausgegebene offizielle Lernzielkatalog zur Vorbereitung auf die Prüfung zum Europäischen Wirtschaftsführerschein ist am Ende dieses Buches abgedruckt.

Das vorliegende Buch ist in die vier relevanten Themenbereiche gegliedert und deckt alle geforderten Lernziele ab. Zur jederzeitigen Unterscheidung zwischen prüfungsrelevanten und vertiefenden Inhalten ist jedes Lernziel am Textrand mit einem Kürzel angegeben und sein Verlauf mit einem senkrecht zum Text verlaufenden Balken gekennzeichnet. So verweist z. B. die Abkürzung „LZ 1.3" im Kapitel Kennzahlen auf das Lernziel 1.3 „Die Eigenkapitalrentabilität mit der Grundformel berechnen können". Auch in den Fällen, in denen aufgrund der individuellen didaktischen Aufarbeitung der Inhalte durch die Autoren Einzelaspekte eines Lernziels an unterschiedlichen Textpassagen stehen, ermöglicht die seitliche Lernzielangabe eine leichte Zuordnung. Die vertiefenden, nicht speziell gekennzeichneten Inhalte dienen dem Verständnis der Zusammenhänge und Hintergründe, auch wenn diese keine unmittelbare Prüfungsrelevanz besitzen. Zahlreiche Tabellen und Abbildungen sowie farblich unterlegte Merksätze und Formeln helfen dem Leser, die Inhalte zu strukturieren und zu lernen. Wichtige Begriffe sind ebenso wie die Lernziele am Textrand herausgestellt und somit leicht zu finden. Beispiele sind am orangefarbenen Längsbalken zu erkennen.

Zur direkten Prüfungsvorbereitung haben die Autoren im begleitenden Aufgabenheft (Best.-Nr. 9731) einen Fragenkatalog zusammengestellt, der sich wie das Buch nach dem offiziellen Lernzielkatalog richtet.

Autoren und Verlag wünschen Ihnen bei der Vorbereitung auf die Prüfung zum Europäischen Wirtschaftsführerschein viel Erfolg und gutes Gelingen. Dieses Buch wird Sie nach besten Kräften dabei unterstützen.

Sommer 2004

Ihr Winklers Team

Themenbereich Bilanzierung

Bilanzierung

1 Allgemeines zur Bilanz

1.1 Aufbau der Bilanz

LZ 1.1, 2.1, 3.1

Vermögen

Eigenkapital

Fremdkapital

Unternehmen benötigen zur betrieblichen Leistungserstellung z. B. Gebäude, Maschinen, Material und Bankguthaben. Diese stellen das **Vermögen** des Betriebes dar. Die Finanzierung des Vermögens erfolgt durch Kapital, das durch eigene finanzielle Mittel (**Eigenkapital,** z. B. Einlage des Unternehmers) und Finanzmittel Fremder (**Fremdkapital**, z. B. Kredite) aufgebracht werden kann. Am Anfang jedes Geschäftsjahres steht die Eröffnungsbilanz. Bei Gründung eines Unternehmens muss sie erstmals erstellt werden, ansonsten wird die Schlussbilanz des vorherigen Geschäftjahres als Eröffnungsbilanz übernommen. Im Handelsrecht ist geregelt, welche Posten in die Bilanz aufgenommen werden und wie diese zu gliedern sind.

Bilanz

Die **Bilanz** ist eine Gegenüberstellung von **Vermögen** und **Kapital** eines Betriebes zu einem bestimmen Zeitpunkt. Dies geschieht üblicherweise in Kontenform.

Aktiva

Passiva

Auf der linken Seite der Bilanz finden sich in zusammengefasster Form alle betrieblichen Vermögensbestandteile wieder. Diese Aufstellung des Vermögens wird **Vermögensseite**, aber auch Aktivseite (**Aktiva**) bzw. Sollseite (**Soll**) genannt. Auf der rechten Seite ist die Summe der von den Kapitalgebern zur Verfügung gestellten Mittel aufgelistet. Sie gibt Aufschluss über die Finanzierungsquellen des Betriebes durch Eigentümer und Fremde und wird als Kapitalseite bezeichnet, aber auch Passivseite (**Passiva**) bzw. Habenseite (**Haben**) genannt. **Aktiva heißen die Vermögenswerte, Passiva die Kapitalwerte.** Beide Seiten der Bilanz (ital. Bilancia = Waage) weisen daher immer die gleichen Summen aus und repräsentieren denselben Gesamtwert eines Unternehmens im Bilanzaufstellungszeitpunkt.

Die Begriffe Aktiva (Soll), Passiva (Haben) können anschaulich, wenn auch stark vereinfacht, so erklärt werden: Während dem Kapital im Rahmen der betrieblichen Leistungserstellung nur eine passive Rolle zukommt, werden die Vermögenswerte aktiv im Rahmen des Leistungserstellungsprozesses benötigt. Ohne Vermögenswerte kann ein Unternehmen nicht produzieren bzw. Dienstleistungen anbieten.

Aktiva	**Bilanz**		**Passiva**
Grundstücke, Gebäude	1.000.000,00	Eigenkapital	2.800.000,00
Maschinen, Vorräte	800.000,00		
Bankguthaben	400.000,00	Fremdkapital	1.700.000,00
...	2.300.000,00		
Summe	4.500.000,00	Summe	4.500.000,00

LZ 1.2

Während die **Passivseite** die Herkunft der Mittel zeigt, erscheint auf der **Aktivseite** die Verwendung dieser Mittel. Veränderungen der Summe der Aktiva führen zwangsläufig zu einer Veränderung der Summe der Passiva in gleicher Höhe, da eine Erhöhung oder Verringerung des Kapitals auch eine Erhöhung bzw. Verringerung des Vermögens bedingt.

Die Bilanz ist eine Gegenüberstellung von Vermögen und Kapital eines Betriebes.

1.2 Aufgaben und Arten der Bilanz

Jeder Kaufmann ist verpflichtet am Ende eines jeden Geschäftsjahres **Rechenschaft** über seine Tätigkeiten abzulegen. Dabei sind die **„Grundsätze ordnungsmäßiger Buchführung und Bilanzierung"** (vgl. § 238 ff. HGB) zu beachten. Der Grund für dieses gesetzliche Erfordernis ist darin zu sehen, den verschiedenen Interessenten am Unternehmen - dies sind insbesondere **Eigentümer, Gläubiger, Geschäftsführung, Belegschaft, Öffentlichkeit** - ein genaues Bild über die Vermögens- und Ertragslage zu verschaffen. Dazu dienen Informationen über:

- **Vermögensstruktur** (Gliederung in Anlage- und Umlaufvermögen),
- **Kapitalstruktur** (Gliederung in Eigen- und Fremdkapital),
- **Finanzstruktur** (Aussagen über solide Finanzierung sollen durch Bildung von Vermögens- und Kapitalstrukturvergleichen möglich sein),
- **Liquiditätslage** (Aussagen über Zahlungsfähigkeit sollen durch Bildung von Liquiditätskennzahlen möglich sein),
- **Rentabilitätslage** (Bilanzgewinn und Rücklagenänderungen sollen erkennbar sein).

Diese Informationen sind für die Geschäftsführung die Grundlage zur Steuerung des Unternehmens.

Handelsbilanz

In Form der **Handelsbilanz** stellt dieser „Rechenschaftsbericht" in vielen Fällen eine bedeutende und notwendige Grundlage für das zukünftige Verhalten der Interessenten (z. B. Banken bei Kreditvergabe) gegenüber dem Unternehmen dar.

Steuerbilanz

Neben diesen Interessentengruppen fordert aber auch der Staat Einblicke in die Vermögenssituation von Unternehmen. Dies erfolgt durch Aufstellen einer **Steuerbilanz** im Rahmen der Einkommensteuererklärung.

Insolvenzbilanz

Besonders aufmerksam werden Insolvenzfälle von davon Betroffenen und der Öffentlichkeit registriert. Der jeweiligen besonderen Situation soll eine **Insolvenzbilanz** gerecht werden.

1.3 Rechtliche Vorschriften

Der handelsrechtliche Jahresabschluss

Die gesetzlichen Regelungen sehen im dritten Buch des Handelsgesetzbuches (§§ 238 - 339) eine Unterscheidung in Vorschriften für alle Kaufleute und ergänzende Vorschriften für Kapitalgesellschaften vor.

Einzelkaufleute und Personengesellschaften

Für **Einzelkaufleute und Personengesellschaften** gelten nur die §§ 238 - 263 HGB. Die Bestandteile des **Jahresabschlusses** sind **Bilanz** und **Gewinn- und Verlustrechnung** (GuV), ein Pflichtgliederungsschema dafür ist nicht gesetzlich vorgeschrieben, ebenso wenig eine Prüfung und Offenlegung.

Kapitalgesellschaft

Fast alle großen nationalen und internationalen Unternehmen werden in der Rechtsform der **Kapitalgesellschaft** - und hier wiederum als AG (Aktiengesellschaft) - geführt. Grund dafür ist der immens hohe Kapitalaufwand bei größeren Unternehmen, den einzelne oder wenige Personen aufzubringen nicht mehr in der Lage sind. Aber auch kleinere Gesellschaften wählen sehr häufig die Kapitalgesellschaft in der Rechtsform der GmbH (Gesellschaft mit beschränkter Haftung).

Kraft dieser Rechtsform resultiert eine Verselbstständigung der Rechtspersönlichkeit, d. h., es entsteht eine juristische Person mit gleichen Rechten und Pflichten wie eine natürliche. Als fiktives Gebilde kann sie jedoch mit der Umwelt nur über ihre Organe (Hauptversammlung – Aufsichtsrat – Vorstand) kommunizieren, die deshalb naturgemäß von Menschen gebildet werden müssen.

Rechnungslegungsvorschriften

Um insbesondere Konflikten zwischen Gläubiger- und Eigentümerinteressen vorzubeugen, sind zusätzliche, detailliertere Rechnungslegungsvorschriften für – von „Fremden" (Vorständen oder Geschäftsführern) geleitete – Kapitalgesellschaften in den §§ 264 – 289 HGB enthalten.

Jahresabschluss

Damit die Vergleichbarkeit der Abschlüsse untereinander gewährleistet ist, finden sich im HGB Vorschriften über die **Mindestgliederung von Bilanz und Gewinn- und Verlustrechnung** (§§ 266, 275 HGB). Der **Jahresabschluss** enthält neben der **Bilanz und Gewinn- und Verlustrechnung** zusätzlich einen **Anhang** (§§ 284 – 288 HGB), worin die Rechenwerke zu erläutern sind. Außerdem ist zur Lage der Firma Stellung zu nehmen (**Lagebericht**: § 289 HGB).

Von unabhängigen Wirtschaftsprüfern muss festgestellt werden, ob alles den gesetzlichen Vorschriften entspricht (§ 316 ff. HGB). Zuletzt müssen Jahresabschluss und Lagebericht veröffentlicht werden (§ 325 ff. HGB).

Kapitalgesellschaften

Kapitalgesellschaften werden der Größe nach (§ 267 HGB) in **kleine, mittelgroße** und **große** eingeteilt. Kriterien dafür sind **Bilanzsumme, Umsatz** und **Mitarbeiter**. Nur für die großen Gesellschaften gelten alle Vorschriften in vollem Umfang; für mittlere und kleinere Kapitalgesellschaften gibt es Vereinfachungen und Erleichterungen.

Der steuerrechtliche Abschluss

Von Ausnahmen abgesehen, muss jede Person an den Staat zur Erfüllung seiner Aufgaben Steuern entrichten. Die allgemeinen Vorschriften des Einkommensteuergesetzes (EStG) finden für Kapitalgesellschaften (juristische Personen) ihre Ergänzung im Körperschaftsteuergesetz (KStG).

Maßgeblichkeitsprinzip

Für die Aufstellung einer Steuerbilanz (= Betriebsvermögensvergleich für Steuerpflichtige, die eine Buchführung haben) bildet der handelsrechtliche Jahresabschluss die Grundlage (§ 5 EStG; **Maßgeblichkeitsprinzip!**).

Der Steuergesetzgeber schränkt allerdings durch entsprechende Vorschriften den Handlungsspielraum der Gesellschaften noch weiter ein als das HGB (§§ 5, 6, 7 Einkommensteuergesetz [EStG], § 7 ff. Körperschaftsteuergesetz [KStG]). Dies kann zu Abweichungen der Handels- von der Steuerbilanz führen.

2 Bilanzierung dem Grunde nach – Inhalt und Gliederung der Bilanz

2.1 Handelsrechtliche Bilanzgliederung

LZ 1.1

übersichtliche Gliederung

Unternehmen müssen alle Vermögensgegenstände, das Eigenkapital und das Fremdkapital **zum Bilanzstichtag bewerten und zusammengefasst in die Bilanz aufnehmen.** Da nicht alle Vermögens- und Kapitalbestandteile einzeln aufgeführt werden können, ist eine sinnvolle Zusammenfassung sowie eine übersichtliche Gliederung erforderlich. Der Detaillierungsgrad der Gliederung hängt von der Größe des Unternehmens und der Unternehmensform ab.

Aktiva	Bilanz Passiva
I. Anlagevermögen immaterielles Vermögen Sachanlagen Finanzanlagen	**I. Eigenkapital** gezeichnetes Kapital Kapitalrücklage Gewinnrücklage Bilanzgewinn
II. Umlaufvermögen Vorräte Anzahlungen Forderungen Wertpapiere flüssige Mittel	**II. Fremdkapital** Verbindlichkeiten Rückstellungen
III. Rechnungsabgrenzungsposten	**III. Rechnungsabgrenzungsposten**
Bilanzsumme	

Anlagevermögen
LZ 2.2

- **Anlagevermögen:** Vermögensgegenstände, die bestimmt sind **dauernd** dem Geschäftsbetrieb zu dienen, sind unter dem **Anlagevermögen** auf der Aktivseite der Bilanz ausweisen. Das Anlagevermögen ist nicht zur Veräußerung bestimmt.

Umlaufvermögen
LZ 2.3

- **Umlaufvermögen:** Vermögensgegenstände, die **nur vorübergehend** im Geschäftsbetrieb verbleiben sollen, gehören zum **Umlaufvermögen** auf der Aktivseite der Bilanz. Umlaufvermögen ist zum Verkauf, Verbrauch oder zur Verarbeitung bestimmt.

Eigenkapital
Fremdkapital

- **Eigenkapital und Fremdkapital:** Die Passivseite enthält das **Eigenkapital** und das **Fremdkapital** (Verbindlichkeiten und Rückstellungen).

Rechnungsabgrenzungsposten

- **Rechnungsabgrenzungsposten:** Ergänzt werden müssen beide Seiten der Bilanz durch die **Rechnungsabgrenzungsposten**. Dabei handelt es sich um eine Abgrenzung solcher Posten, die zum Bilanzstichtag nicht in voller Höhe dem Berichts- bzw. Geschäftsjahr zuzurechnen sind.

LZ 1.1
BEISPIELE:

Anlagevermögen, Umlaufvermögen und Fremdkapital einer Gärtnerei:

Anlagevermögen: Vermögensbestandteile, die dauernd dem Betrieb zur Verfügung stehen, wie z. B. Gewächshaus, Bewässerungsanlage, Lieferwagen.

Umlaufvermögen: Vermögensbestandteile, die nur vorübergehend dem Betrieb zur Verfügung stehen sollen und verbraucht, verkauft oder verarbeitet werden können. Dazu zählen z. B. Vorräte wie Blumenerde, Blumentöpfe, Blumendraht, Blumen und Lieferforderungen, die dadurch entstehen, dass z. B. ein Kunde die Rechnung für die bepflanzten Blumenkübel noch nicht bezahlt hat.

Beispiele für Fremdkapital können sein:

Verbindlichkeiten gegenüber Kreditinstituten, wie z. B. das Hypothekendarlehen für den Bau des Gewächshauses, aber auch Lieferverbindlichkeiten, die dadurch entstehen, dass die Rechnung für die letzte Lieferung Blumenerde von der Gärtnerei noch nicht an den Lieferanten bezahlt wurde.

Um dem Grundsatz der Bilanzklarheit gerecht zu werden, sind alle genannten Posten hinreichend aufzugliedern. Unbeschadet einer weiteren Untergliederung ist für **Kapitalgesellschaften** ein Gliederungsschema nach § 266 HGB zwingend vorgeschrieben. Ausnahmen sind lediglich für bestimmte Branchen (z. B. Kreditwesen) zulässig.

Jahresbilanz

Bei der Erstellung der **Jahresbilanz** sind besonders die Vorschriften des § 246 (2) HGB zu beachten. Sie **verbieten das Aufrechnen von**

- **Aktiv- mit Passivposten** (z. B. Forderungen mit Verbindlichkeiten),
- **Aufwendungen und Erträgen,**
- **Grundstücksrechten mit Grundstückslasten.**

2.2 Die Aktivseite der Bilanz – Aktivierungspflichten

LZ 11.1
Aktivierungspflichten

Aktivierungspflichten besagen, welche Vermögensgüter auf die Aktivseite der Bilanz aufgenommen werden müssen. Dies gilt grundsätzlich für alle entgeltlich erworbenen Vermögensgegenstände.

2.2.1 Anlagevermögen

2.2.1.1 Immaterielle Vermögensgegenstände

LZ 2.2, 11.2

Immaterielle Vermögensgegenstände sind:

- Geistiges Eigentum (wie Patente und Urheberrechte) und ähnliche Rechte, Konzessionen sowie Lizenzen an solchen Rechten,
- Goodwill,
- Software.

Ein **Patent** ist das einem Erfinder oder seinem Rechtsnachfolger erteilte, zeitlich begrenzte Recht für die wirtschaftliche Verwertung seiner Erfindung.

Urheberrechte entstehen mit der Schöpfung eines Werkes durch die persönliche Leistung des Urhebers.

Eine **Lizenz** bzw. **Konzession** ist die Einräumung des Rechtes zur Benutzung von fremden Rechten.

Goodwill ist der verbleibende Unterschiedsbetrag zwischen dem Kaufpreis eines Unternehmens und dessen Reinvermögen (Aktiva - Schulden).

Software steht für verschiedene interaktive Programme, eine Reihe von Befehlen oder Anweisungen, die einen Computer veranlassen zu arbeiten.

Immaterielle Vermögensgegenstände **müssen** angesetzt werden, wenn sie **entgeltlich erworben** sind. Für selbst entwickelte oder erstellte immaterielle Vermögensgegenstände besteht ein Ansatzverbot (§ 248 Abs. 2 HGB).

2.2.1.2 Sachanlagen

Als Sachanlagen sind auszuweisen:

- Grundstücke, grundstücksgleiche Rechte und Bauten einschließlich der Bauten auf fremden Grundstücken (Erbbaurechte, Abbaurechte),
- technische Anlagen und Maschinen,
- andere Anlagen, Betriebs- und Geschäftsausstattung,
- geleaste Erzeugnisse, wenn wirtschaftliches Eigentum vorliegt,
- vermietete Sachanlagen,
- geleistete Anzahlungen und Anlagen im Bau.

2.2.1.3 Finanzanlagen

LZ 2.2, 11.2

Als Finanzanlagen sind **langfristige Wertpapieranlagen** und **Beteiligungen** auszuweisen.

Einzelne Finanzanlagen sind

- Anteile an verbundenen Unternehmen,
- Beteiligungen,
- Ausleihungen an verbundene Unternehmen,
- Ausleihungen an Beteiligungen,
- sonstige Ausleihungen,
- Wertpapiere des Anlagevermögens.

verbundene Unternehmen

Anteile an verbundenen Unternehmen sind Beteiligungen, welche die Ausübung eines beherrschenden Einflusses auf ein anderes Unternehmen ermöglichen. Die Betriebs- und Finanzpolitik des Beteiligungsunternehmens kann in erheblichem Maße beeinflusst werden, wenn ein **Mutterunternehmen** eines **Konzerns** ein **Tochterunternehmen einheitlich leitet** und einen **Anteil von mehr als 20 %** besitzt **oder** wenn ihr ungeachtet einer einheitlichen Leitung an einem oder mehreren anderen Unternehmen

- die **Mehrheit der Stimmrechte** (Anteil > 50 %) zusteht oder
- das Recht zusteht die **Mehrheit** von **Leitungspersonen** zu **bestellen oder abzuberufen** oder
- das Recht zusteht **beherrschenden Einfluss** aufgrund eines **Vertrags** auszuüben.

Beteiligung

Eine **Beteiligung** setzt einen erheblichen Einfluss auf ein anderes Unternehmen voraus. Im Zweifel ist ab 20 % Anteil am stimmberechtigten Kapital einer Kapitalgesellschaft von einer Beteiligung auszugehen.

Ausleihungen

Ausleihungen sind sehr langfristige Forderungen an verbundene Unternehmen, Beteiligungen, Fremde und auch Mitarbeiter.

Auch bei Finanzanlagen werden, wie bei Sachanlagen, in einem **Anlagenspiegel** die historischen Anschaffungs- oder Herstellungskosten auf die jeweiligen Restwerte fortgeschrieben.

2.2.2 Umlaufvermögen

2.2.2.1 Vorräte

LZ 2.3, 11.2

Als Vorräte sind auszuweisen:

- Roh-, Hilfs- und Betriebsstoffe,
- unfertige Erzeugnisse,
- fertige Erzeugnisse und Waren,
- unverrechnete Lieferungen und Leistungen,
- geleistete Anzahlungen für Vorräte.

Um zu verhindern, dass Vermögen in der Bilanz doppelt ausgewiesen wird, dürfen **erhaltene Anzahlungen für Vorräte** von den Vorräten (offen) abgezogen werden. Für diese Vorräte haben Kunden bereits eine Gegenleistung in Form von Zahlungen erbracht, die im Posten flüssige Mittel erfasst ist.

2.2.2.2 Forderungen

LZ 2.3

Forderungen sind rechtlich begründete, aber noch nicht beglichene Rechnungen an Kunden. Als Forderungen und sonstige Vermögensgegenstände sind auszuweisen:

- Forderungen aus Lieferungen und Leistungen (Lieferforderungen),
- Forderungen gegen verbundene Unternehmen,
- Forderungen gegen Beteiligungsunternehmen,
- sonstige Vermögensgegenstände (übrige Forderungen).

LZ 5.2 **Lieferforderungen**

Lieferforderungen sind bereits gelieferte und in Rechnung gestellte, aber noch nicht vom Kunden bezahlte Lieferungen und Leistungen (Verkäufe).

Der Betrag der Forderungen mit einer **Restlaufzeit von mehr als einem Jahr** ist bei jedem gesondert ausgewiesenen Posten zu vermerken.

Sonstige Vermögensgegenstände sind sonstige Forderungen, die nicht mit Lieferungen und Leistungen im Zusammenhang stehen und keine Forderungen gegen verbundene Unternehmen oder Beteiligungsunternehmen sind.

Fremdwährungsforderungen sind mit dem Devisenmittelkurs des Bilanzstichtags umzurechnen und in Euro anzusetzen.

Uneinbringlichkeit

Eine Forderung ist wegen **Uneinbringlichkeit** auszubuchen, wenn die Forderung aller Wahrscheinlichkeit nach nicht mehr eingetrieben werden kann. Das ist in der Regel nach Ablauf der Verjährungsfrist der Fall, ferner beim Feststehen einer Vergleichsquote im Insolvenzfall.

2.2.2.3 Wertpapiere

LZ 2.3

Als Wertpapiere sind auszuweisen:

- Aktien und sonstige Eigenkapitalpapiere,
- Anleihen und Fondanteile,
- Wechsel.

Alle Wertpapiere, die bestimmt sind **nicht dauernd** dem Geschäftsbetrieb zu dienen, sind unter diesem Posten auszuweisen.

Dies können auch Anteile an verbundenen Unternehmen sein, wenn sie ausschließlich zum **Zwecke ihrer Weiterveräußerung** kurzfristig gehalten werden. Sind diese Voraussetzungen nicht gegeben, gehören die Wertpapiere zu den **Finanzanlagen** des Anlagevermögens.

Eigene Anteile müssen bei Kapitalgesellschaften gesondert ausgewiesen werden, da sie wirtschaftlich gesehen eine Rückzahlung der Gesellschaft von Teilen des Eigenkapitals an die Eigentümer (Eigenkapitalgeber) darstellen.

2.2.2.4 Flüssige Mittel

LZ 2.3

Als flüssige Mittel sind auszuweisen:

- Kassenbestand,
- Guthaben bei Kreditinstituten,
- Schecks.

Flüssige Mittel (einschließlich Sorten, d. h. Banknoten und Münzen) in Fremdwährung sind mit dem Devisenmittelkurs des Bilanzstichtags umzurechnen und in Euro anzusetzen.

2.2.3 Aktive Rechnungsabgrenzungsposten

LZ 8.3
Jahreserfolg

Der **Jahreserfolg** eines Unternehmens wird bestimmt durch die **Eigenkapitalveränderung** (Erträge - Aufwendungen), die in einem Geschäftsjahr stattgefunden hat. Erträge und Aufwendungen werden dabei dem Geschäftsjahr zugerechnet, in dem sie wirtschaftlich verursacht sind.

periodengerechte Erfolgsmitteilung

Rechnungsabgrenzungsposten sollen eine **periodengerechte Erfolgsermittlung** ermöglichen. Sie sind immer dann notwendig, wenn bereits in der Buchhaltung erfasste Zahlungsvorgänge nicht im gleichen Jahr wirtschaftlich verursacht worden sind, d. h., Aufwendungen und Erträge erst im folgenden Jahr realisiert werden.

Nach § 250 HGB ist für vom Unternehmen **geleistete Vorauszahlungen** ein **aktiver Rechnungsabgrenzungsposten** zu bilden, der den bereits gebuchten Aufwand neutralisiert. Dies ist beispielsweise der Fall, wenn Versicherungsbeiträge, Zinsen, Steuern, Miete u. a. für das folgende Geschäftsjahr bereits im laufenden bezahlt werden.

BEISPIEL:

Zum Bilanzstichtag (31.12.04) stellt ein Unternehmen fest, dass es am 01.01.04 Leasingraten in Höhe von 6.000,00 € für ein halbes Jahr im Voraus bezahlt hat. Von den 6.000,00 € Leasingaufwendungen für 6 Monate entfallen $^2/_6$ = 2.000,00 € (für 2 Monate) auf das jetzige Geschäftsjahr 2004 und $^4/_6$ = 4.000,00 € (für 4 Monate) auf das folgende Geschäftsjahr 2005. Durch Bildung eines aktiven Rechnungsabgrenzungspostens (aktive Jahresabgrenzung) zum Bilanzstichtag in Höhe von 4.000,00 € werden Aufwendungen, die nicht in das jetzige Geschäftsjahr gehören, wieder zurückgenommen.

2.3 Die Passivseite der Bilanz – Passivierungspflichten und -wahlrechte

Passivierungspflichten/ -wahlrechte

Passivierungspflichten bzw. -wahlrechte besagen, welche Kapitalwerte auf die Passivseite der Bilanz aufgenommen werden müssen bzw. dürfen.

2.3.1 Eigenkapital

LZ 3.2

Das **Eigenkaptital** umfasst die Mittel, die von den Eigentümern ohne zeitliche Begrenzung dem Betrieb zur Verfügung gestellt wurden. Rechnerisch ist das Eigenkapital die Differenz zwischen Vermögen und Fremdkapital (Schulden). Allerdings erscheint das Eigenkapital in dieser einfachen Form nur bei Einzelunternehmen.

Bei **Personengesellschaften** sind die **Gesellschaftereinlagen** und bei **Kapitalgesellschaften** das **gezeichnete Kapital** (Stammkapital bei der GmbH und Grundkapital bei der AG), die **Rücklagen, Gewinn- oder Verlustvorträge** aus dem vorangegangenen Jahr und der Jahresüberschuss oder Jahresfehlbetrag unter dem Posten Eigenkapital zu bilanzieren.

Bei Kapitalgesellschaften sind demnach in dieser Reihenfolge auszuweisen:

- Gezeichnetes Kapital,
- Kapitalrücklage,

- Gewinnrücklagen:
  1. gesetzliche Rücklage
  2. Rücklage für eigene Anteile
  3. satzungsmäßige Rücklagen
  4. andere Gewinnrücklagen,
- Gewinnvortrag/Verlustvortrag,
- Jahresüberschuss/Jahresfehlbetrag.

Ausstehende Einlagen auf das gezeichnete Kapital sind auf der Aktivseite der Bilanz vor immateriellen Vermögensgegenständen, Sachanlagevermögen und Finanzanlagen auszuweisen.

LZ 3.2

Die Höhe des Eigenkapitals jedes Unternehmens ist davon abhängig, ob Sicherheits- oder Rentabilitätsüberlegungen der Vorrang eingeräumt wird; außerdem natürlich von der Branche, der Betriebsgröße, der Vermögensstruktur und den Finanzierungsmöglichkeiten.

Bedeutung des Eigenkapitals

Das Eigenkapital ist für das Unternehmen von besonderer Bedeutung. Die Höhe des Eigenkapitals gibt an, wie viel Vermögen tatsächlich dem Einzelunternehmer bzw. den Eigentümern gehört und stellt damit für Fremdkapitalgeber (Gläubiger) die **Haftungssubstanz** des Unternehmens dar.

So prüfen beispielsweise Banken vor einer Kreditvergabe das Verhältnis von Fremdkapital und Eigenkapital. Eine ausreichende Eigenkapitaldecke als Haftungssubstanz steigert die **Kreditwürdigkeit.** Je geringer das Risiko des Kapitalverlustes der Fremdkapitalgeber ist, umso eher sind diese bereit ihr Kapital dem Unternehmen zur Verfügung zu stellen. Auch zeigt der Anteil des Eigenkapitals am Gesamtkapital den **Grad der finanziellen Unabhängikeit** des Unternehmens. Im Gegensatz zum Eigenkapital steht Fremdkapital dem Unternehmen nur für eine begrenzte Zeit zur Verfügung. Es sind Zins- und Tilgungsleistungen zu erbringen, wobei die Zinszahlungen Kosten verursachen, die den Unternehmensgewinn verringern und im Extremfall zur Insolvenz führen.

2.3.1.1 Gezeichnetes Kapital der Aktiengesellschaft

Das **Grundkapital (= gezeichnetes Kapital)** der AG wird durch Ausgabe von Aktien und damit Gesellschaftsanteilen gegen Sachwerte oder Geld beschafft. Der **Nennbetrag einer Aktie** beträgt dabei 1,00 € oder ein Vielfaches davon. Werden nennwertlose **Stückaktien** ausgegeben, so darf deren Bruchteil am Grundkapital (Grundkapital: Anzahl der Aktien) 1,00 € nicht unterschreiten.

Das gezeichnete Kapital muss insgesamt mindestens **50.000,00 €** betragen (§ 7 AktG), die genaue Höhe ist in der Satzung der AG verankert (§ 23 AktG).

Emissionkurs

Der **Emissionskurs (Ausgabepreis)** der Aktie darf zwar über pari, also höher als der Nennwert, nicht aber unter pari, d. h. niedriger, liegen (§ 9 AktG).

Die Differenz zwischen Emissionskurs und Nennwert bezeichnet man als Agio. Dieses wird als Eigenkapital in der Kapitalrücklage erfasst.

BEISPIEL: 500.000,00 € Grundkapital werden über Ausgabe von 100 000 Aktien beschafft. Der Nennwert pro Aktie beträgt also 5,00 €; eine Aktie wird zum Kurs von 25,00 € verkauft.

100 000 Aktien · 5,00 €	=	500.000,00 €	Grundkapital
+ 100 000 Aktien · 20,00 € (Agio)	=	2.000.000,00 €	Kapitalrücklage
		2.500.000,00 €	Eigenkapital

Mit der Übernahme eines Gesellschafteranteils (auch Zeichnung) verpflichtet sich der Aktionär, dem Unternehmen entsprechende Vermögenswerte, meist bar, zu zahlen. Dabei ist es möglich, dass er zunächst nur einen Teil der Pflichteinlage einbringt. Der Differenzbetrag zum Nennwert heißt **ausstehende Einlage** und wird auf der Aktivseite der Bilanz als Forderung ausgewiesen. Allerdings schreibt das Aktiengesetz in § 36 a Abs. 1 AktG eine Mindesteinbringung pro Aktienanteil in Höhe von 25 % des Nennwertes + Agio vor.

2.3.1.2 Rücklagen

LZ 7.1

Rücklagen sind zusätzliches **Eigenkapital**. Sie entstehen im Allgemeinen dadurch, dass das Unternehmen Gewinne nicht ausschüttet, sondern für „besondere Zwecke" zurücklegt.

Rücklagen gibt es nur bei Unternehmen mit starrem Kapitalkonto (z. B. Aktiengesellschaften), da bei Einzelunternehmen und Personengesellschaften der Gewinn direkt dem Eigenkapital zugeführt wird. Da **Gewinn- und Kapitalrücklagen** in der Bilanz für jeden erkennbar ausgewiesen werden, nennt man sie auch **offene Rücklagen.**

Kapitalrücklage

Agio

Ist bei der Kapitalerhöhung einer Aktiengesellschaft der Ausgabekurs der neuen Aktien höher als deren Nennwert (i. d. R. 1,00 €), so ist der Differenzbetrag (Aufgeld, Agio) als Kapitalrücklage auszuweisen.

Gewinnrücklagen

Der Normalfall, wenn Gewinne nicht ausgeschüttet, sondern im Unternehmen belassen werden.

LZ 7.2
Bildung einer Reserve

Zweck der Rücklagen ist die Bildung einer Reserve für die Deckung eventueller Verluste. Sie dienen der Selbstfinanzierung und stärken die Eigenkapitalbasis des Unternehmens.

2.3.1.3 Bilanzgewinn

LZ 13.5

Die Differenz zwischen Aufwendungen und Erträgen des Geschäftsjahres ergibt den Jahresüberschuss bzw. Jahresfehlbetrag. Dieser wird in der Gewinn- und Verlustrechnung ermittelt und erscheint nicht in der Bilanz.

Bei Kapitalgesellschaften vermindert sich der Jahresüberschuss um einen evtl. Gewinn- oder Verlustvortrag sowie die Rücklagen. Der verbleibende Betrag ist der Bilanzgewinn, der bei Kapitalgesellschaften gesondert unter dem Eigenkapitalposten in der Bilanz ausgewiesen wird.

Ein Gewinnvortrag ist ein noch nicht verteilter Erfolg früherer Geschäftsjahre. Ein Verlustvortrag ist ein noch ausstehender Fehlbetrag (nicht gedeckter Verlust) vorangegangender Geschäftsjahre.

2.3.2 Fremdkapital

2.3.2.1 Verbindlichkeiten

LZ 5.3

Verbindlichkeiten sind in der Zukunft liegende (Zahlungs-) Verpflichtungen, deren Höhe zum Bilanzstichtag genau feststeht. Verbindlichkeiten stellen Fremdkapital (Schulden) dar.

LZ 3.3

Als Verbindlichkeiten sind auszuweisen:

- Anleihen, davon konvertibel
- Verbindlichkeiten gegenüber Kreditinstituten,
- erhaltene Anzahlungen auf Bestellungen,
- Verbindlichkeiten aus Lieferungen und Leistungen,
- Verbindlichkeiten aus der Annahme gezogener Wechsel und der Ausstellung eigener Wechsel,
- Verbindlichkeiten gegenüber verbundenen Unternehmen,
- Verbindlichkeiten gegenüber Unternehmen, mit denen ein Beteiligungsverhältnis besteht,
- sonstige Verbindlichkeiten, davon aus Steuern, davon im Rahmen der sozialen Sicherheit.

LZ 5.3

Lieferverbindlichkeiten

Lieferverbindlichkeiten sind Verbindlichkeiten aus Lieferungen und Leistungen, die bereits erfolgt sind, deren Rechnung aber noch nicht beglichen ist (Einkäufe). Sie stellen Schulden gegenüber dem Lieferanten dar.

Erhaltene Anzahlungen auf Bestellungen sind, soweit Anzahlungen auf Vorräte nicht von dem Posten „Vorräte" offen abgesetzt werden, unter den Verbindlichkeiten gesondert auszuweisen.

Der Gesamtbetrag der Verbindlichkeiten mit einer **Restlaufzeit bis zu einem Jahr** ist bei jedem gesondert ausgewiesenen Posten zu vermerken. Da im Anhang zu den in der Bilanz ausgewiesenen Verbindlichkeiten der Gesamtbetrag der Verbindlichkeiten mit einer **Restlaufzeit von mehr als fünf Jahren** und der Gesamtbetrag der Verbindlichkeiten, die durch **Pfandrechte oder ähnliche Rechte** gesichert sind, angegeben werden muss, wird dies in der Praxis in einem Verbindlichkeitenspiegel gezeigt (ähnlich wie der Anlagenspiegel beim Anlagevermögen).

2.3.2.2 Rückstellungen

LZ 6.1, 6.2

Für zukünftige Zahlungsverpflichtungen, denen sich ein Unternehmen nicht entziehen kann oder will und bei denen nicht feststeht, ob eine Leistung in bestimmter Höhe beansprucht wird und zu einer Schuld führt, **dürfen** oder **müssen Rückstellungen** gebildet werden.

Grund für die Bildung von Rückstellungen ist, dass alle Vorgänge zu erfassen sind, die dem laufenden Geschäftsjahr zuzurechnen sind, auch wenn eine mögliche Zahlungsverpflichtung erst im folgenden Jahr zu erwarten ist.

Dadurch wird zum Bilanzstichtag ein vollständiger Ausweis der (im laufenden Geschäftsjahr verursachten) Schulden ermöglicht.

Rückstellungen müssen für solche Fälle gebildet werden, in denen die Verursachung einer in der Zukunft eintretenden Zahlungsverpflichtung bereits im abgelaufenen Geschäftsjahr liegt. Es sind dies Rückstellungen für

Passivierungspflicht!

- ungewisse Verbindlichkeiten,
- Kulanzleistungen,
- drohende Verluste aus schwebenden Geschäften.

Diese Rückstellungen **müssen** auf der Passivseite der Bilanz **verbucht werden (Passivierungspflicht).**

Passivierungswahlrecht!

Ein **Passivierungswahlrecht** besteht für Rückstellungen für

- im Geschäftsjahr unterlassene Instandhaltung, die nach 3 Monaten im nächsten Jahr nachgeholt wird,
- genau umschriebene, ungewisse Aufwendungen, die dem laufenden oder einem früheren Geschäftsjahr zuzuordnen sind.

LZ 6.3 **Rückstellungen** unterscheiden sich als Passivposten von den **Verbindlichkeiten** folglich dadurch, dass Eintreten und/oder Höhe der Schuld noch gar nicht feststehen. Sie sind deshalb zu schätzen.

LZ 7.3 Im Gegensatz zu Rücklagen, die Eigenkapital darstellen, gehören Rückstellungen zum Fremdkapital.

Beispiele für Rückstellungen sind:

- Die **Kosten des Jahresabschlusses** sind zurückzustellen. In die Rückstellung sind sowohl die internen als auch die externen Jahresabschlusskosten einzubeziehen.
- Die **Kosten für das Erstellen der Steuererklärungen** können zurückgestellt werden, aber nur für diejenigen Erklärungen, die betriebliche Steuern betreffen.
- Die **Gewerbesteuerschuld** ist in der Bilanz desjenigen Jahres zurückzustellen, das sie wirtschaftlich belastet. Bei Nachforderungen durch eine Betriebsprüfung besteht die Wahl, die Rückstellungen in den Jahren ihrer Zugehörigkeit oder im Jahr der Nachforderung zu passivieren.
- Rückstellungen für **Urlaubsvergütungen** sind zu bilden Es ist derjenige noch nicht genommene Urlaub der Arbeitnehmer zurückzustellen, der auf die Zeit bis zum Bilanzstichtag entfällt, abzüglich des bis dahin bereits genommenen Urlaubs.
- Wegen eines am Bilanztag aus betrieblichen Gründen **schwebenden Prozesses** ist eine Rückstellung zu bilden. Zurückgestellt werden sowohl die noch anfallenden Prozesskosten als auch das Prozessrisiko. Schwebt der Prozess am Bilanzstichtag noch nicht, ist jedoch mit einer Klageerhebung unabwendbar zu rechnen, so ist ebenfalls eine Rückstellung zu bilden.
- Rückstellungen wegen **Schadensersatzansprüchen** sind dann zu bilden, wenn die Gefahr einer Inanspruchnahme ernsthaft droht. Schadensersatz kann beispielsweise gefordert werden wegen mangelhafter Lieferungen oder wegen sonstiger mangelhafter gewerblicher Leistungen, für Schadenshaftungen aus unerlaubten Handlungen im Betrieb und durch Haftung des Kraftfahrzeughalters bei Unfällen auf geschäftlichen Fahrten.

- **Drohende Verluste aus schwebenden Geschäften** können sowohl bei Einkaufs- als auch bei Verkaufskontrakten eintreten. Am Bilanzstichtag sind daher jeder schwebende Einkaufskontrakt und jedes schwebende Verkaufsgeschäft daraufhin zu untersuchen, ob nicht Verluste zurückgestellt werden müssen. Auf der Einkaufsseite ist zu prüfen, ob nicht die Wiederbeschaffungskosten gesunken sind oder nicht fehldisponiert wurde (übergroße Einkäufe). Auf der Verkaufsseite ist zu untersuchen, ob die aus dem Geschäft zu erwartende Forderung nicht geringer ist als die Summe der zu erbringenden Leistungen.

- Aufwendungen für im abgelaufenen **Geschäftsjahr unterlassene Instandhaltung,** wenn sie im folgenden Geschäftsjahr nachgeholt wird, sind rückstellungpflichtig. Voraussetzung ist, dass die Instandhaltungsarbeiten innerhalb von drei Monaten nach dem Bilanzstichtag durchgeführt werden. Es muss sich bei den unterlassenen Instandhaltungsarbeiten um Erhaltungsarbeiten handeln, die

  - bis zum Bilanzstichtag bereits erforderlich gewesen wären,
  - aber erst nach dem Bilanzstichtag durchgeführt werden.

  Der unterlassene Instandhaltungsbedarf muss sich nachweisen lassen; z. B. durch Instandhaltungspläne, Inspektionspläne sowie statistische Daten über den Instandhaltungsbedarf in der Vergangenheit (z. B. bei Flugzeugen).

- **Kulanzleistungen** stellen Garantieleistungen dar, die aus Kulanzgründen (z. B. freiwillige Autorückholaktionen wegen eines Produktionsfehlers, der zwar noch zu keinem Schaden geführt hat, aber eventuell dazu führen könnte), erbracht werden. Ist damit zu rechnen, dass Kulanzleistungen auch in Zukunft zu erbringen sind, sind diese rückstellungsfähig, wobei die Höhe eines Prozentsatzes vom kulanzbehafteten Umsatz bemessen wird.

- **Rückstellungen für Pensionen:** Wurde einem Mitarbeiter eine rechtsverbindliche **Pensionszusage** erteilt, z. B. durch Einzelvertrag, Pensionsordnung, Betriebsvereinbarung oder Tarifvertrag, so muss eine **Pensionsrückstellung** gebildet werden. Die Zusage muss schriftlich gegeben werden und darf keine Vorbehalte enthalten, wonach diese Zusage nach freiem Belieben widerrufen werden kann. Nicht berücksichtigungsfähig sind Pensionsrückstellungen für Geschäftsführer von Personengesellschaften, die gleichzeitig Gesellschafter sind.

2.3.3 Passive Rechnungsabgrenzungsposten

LZ 8.3 **Rechnungsabgrenzungsposten** sollen eine **periodengerechte Erfolgsermittlung** ermöglichen. Sie sind immer dann notwendig, wenn bereits in der Buchhaltung erfasste Zahlungsvorgänge nicht im gleichen Jahr wirtschaftlich verursacht worden sind, d. h., Aufwendungen und Erträge erst im folgenden Jahr realisiert werden.

Für **erhaltene Vorauszahlungen** wird ein **passiver Rechnungsabgrenzungsposten** gebildet, der den bereits gebuchten Ertrag neutralisiert. Dies ist beispielsweise der Fall, wenn ein Unternehmen Zinsen, Provisionen, Miete u. a. für das folgende Geschäftsjahr bereits im laufenden erhalten hat.

BEISPIEL: Zum Bilanzstichtag (31.12.04) stellt ein Unternehmen fest, dass es am 01.10.04 eine Mietzahlung in Höhe von 6.000,00 € für ein halbes Jahr im Voraus erhalten hat. Von den 6.000,00 € Mieterträgen für 6 Monate entfallen 3.000,00 € (für 3 Monate) auf das jetzige Geschäftsjahr 2004 und 3.000,00 € (für 3 Monate) auf das folgende Geschäftsjahr 2005. Durch Bildung eines passiven Rechnungsabgrenzungspostens (passive Jahresabgrenzung) zum Bilanzstichtag werden 3.000,00 € wieder zurückgenommen.

3 Die Buchführung als Instrument der Bilanzierung

3.1 Inventur

LZ 4.1

Voraussetzung für die Erstellung einer Bilanz ist die Aufnahme der Vermögenswerte und der Schulden des Betriebes sowie deren Menge und Wert in ein Verzeichnis **(Inventar)**. Diese Bestandsaufnahme wird **Inventur** genannt. Durch die Inventur soll eine Kontrolle darüber gegeben sein, ob die tatsächlich vorhandenen Vermögenswerte (Ist-Bestände) in Art, Menge und Wert mit den aus der Buchführung ermittelten Beständen (Soll-Bestände) übereinstimmen.

Die Inventur ist die körperliche Bestandsaufnahme von
– Vorräten und
– beweglichem Anlagevermögen.

Die Schritte zur Erstellung einer Inventur sind:

- Körperliche Bestandsaufnahme
  - Vollaufnahme oder Stichproben der Vorräte und des Anlagevermögens
  - durch Zählen, Wiegen oder Messen und deren Wertermittlung.
- Übernahme der Positionen des unbeweglichen Anlagevermögens (z. B. Grundstücke, Gebäude) sowie der Forderungen und Verbindlichkeiten mit den Werten, die in der laufenden Buchführung ermittelt wurden, da die Möglichkeit der körperlichen Bestandsaufnahme (Zählen, Wiegen oder Messen) fehlt.

Die abgeschlossene Bestandsaufnahme stellt das Inventar (Verzeichnis der Vermögensgegenstände und Schulden) zum Bilanzstichtag dar.

Kaufleute sind zur Inventur handelsrechtlich und steuerrechtlich verpflichtet. Sie muss mindestens einmal im Jahr durchgeführt werden.

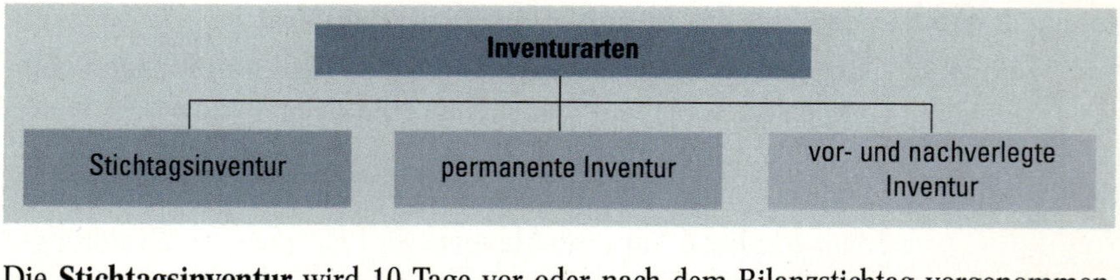

Stichtagsinventur

Die **Stichtagsinventur** wird 10 Tage vor oder nach dem Bilanzstichtag vorgenommen. Bestandsveränderungen sind bis zum Bilanzstichtag fortzuschreiben oder zurückzurechnen.

vor- und nachverlegte Inventur

Die **vor- und nachverlegte Inventur** kann ganz oder teilweise auf einen Tag innerhalb der letzten drei Monate vor oder der beiden ersten Monate nach dem Bilanzstichtag erfolgen. Es ist die Erstellung eines „besonderen Inventars" mit Mengen und Werten notwendig. Ein Fortschreibungs- bzw. Rückrechnungsverfahren kommt zur Anwendung.

BEISPIEL:

Wert des Warenbestandes bei vorverlegter Inventur	95.000,00 €
+ Wert der Käufe bis zum Bilanzstichtag	+ 10.000,00 €
- Wareneinsatz der Verkäufe bis zum Bilanzstichtag	- 59.500,00 €
= Wert des Warenbestandes am Bilanzstichtag	45.500,00 €

Der Wareneinsatz der Verkäufe bis zum Bilanzstichtag kann schätzungsweise aus dem Umsatz abzüglich des durchschnittlichen Rohgewinns (hier beispielsweise 15 % von 70.000,00 €) ermittelt werden.

permanente Inventur

Die **permanente Inventur** ermittelt den Bestand am Bilanzstichtag über die **Fortschreibung** der Lagerbuchhaltung. Eine körperliche Bestandsaufnahme muss allerdings auch hier einmal im Jahr erfolgen. Die Überprüfung der Bestände kann zu verschiedenen Zeitpunkten im Jahr vorgenommen werden. Voraussetzung für diese Methode ist eine ordnungsgemäße Lagerbuchhaltung, aus der alle Zu-, Abgänge und Bestände nach Tag, Art und Menge hervorgehen.

3.2 Eröffnungsbilanz

Am Anfang eines jeden Geschäftsjahres steht die Eröffnungsbilanz. Bei Gründung eines Unternehmens muss sie neu erstellt werden, ansonsten wird die Schlussbilanz des vorherigen Geschäftsjahres als Eröffnungsbilanz übernommen.

Aktiva	Bilanz		Passiva
Grundstücke	1.500.000,00 €	Eigenkapital	3.000.000,00 €
Gebäude	2.500.000,00 €		
Maschinen	2.000.000,00 €		
Büroausstattung	500.000,00 €	Fremdkapital	4.000.000,00 €
Bankguthaben	500.000,00 €		
Bilanzsumme	7.000.000,00 €		7.000.000,00 €

Ausgehend von dieser Eröffnungsbilanz wird im Folgenden, unter Berücksichtigung von Geschäftsvorfällen, der Weg bis hin zur Schlussbilanz eines Geschäftsjahres gezeigt.

3.3 Bestandskonten

Anfangsbestand
Endbestand

Die Aktiv- und Passivposten werden durch die Geschäftstätigkeit des Unternehmens beeinflusst. In der Praxis ist es aber nicht möglich, die Veränderungen der Aktiv- und Passivposten ständig in einer Bilanz vorzunehmen. Deshalb wird für jeden **Posten** eine eigene Teilbilanz erstellt, auf der nur sein **Anfangsbestand**, seine **Zu- und Abgänge** eines Jahres erfasst und sein **Endbestand** ermittelt werden. Diese genaue und übersichtliche Einzelabrechnung jedes Bilanzpostens bezeichnet man als **„Konto"**. Jeder Aktivposten erhält ein **aktives** und jeder Passivposten ein **passives Bestandskonto.**

Soll, Haben

Die linke Seite heißt immer **„Soll“** und die rechte immer **„Haben“**, auf deren Benennung im Folgenden verzichtet wird.

Aktivseite:

Grundstücke	
1.500.000	

Gebäude	
2.500.000	

Maschinen	
2.000.000	

Büroausstattung	
500.000	

Bankguthaben	
500.000	

Passivseite:

Eigenkapital	
	3.000.000

Fremdkapital	
	4.000.000

Die genaue und übersichtliche Einzelabrechnung jedes Bilanzpostens bezeichnet man als „Bestandskonto“.

3.4 Exkurs: Die Technik der Kontierung

Endbestand

Die Erfassung der Geschäftsvorfälle auf den **Konten** erfolgt nicht wie im folgenden Beispiel 1 gezeigt mit (+) oder (-), sondern wie im Beispiel 2 verdeutlicht vorzeichenfrei als Zugang auf der Seite, wo der jeweilige Anfangsbestand (AB) steht, und als Abgang auf der jeweils anderen Seite. Der **Endbestand (EB)** lässt sich dann durch Saldierung (größerer Betrag – kleinerer Betrag auf einem Konto) ermitteln.

BEISPIEL 1: (falsch)

Maschinen	
AB 2.000.000	
+ 2.000.000	
– 1.000.000	

Fremdkapital	
	4.000.000 AB
	+ 1.000.000
	– 2.000.000

BEISPIEL 2: (richtig)

Maschinen			
AB	2.000.000		
	2.000.000		
			1.000.000
EB	3.000.000		

Fremdkapital			
		4.000.000	AB
		1.000.000	
	2.000.000		
		3.000.000	EB

Der **Endbestand** der Maschinen beträgt 3.000.000,00 (4.000.000,00 – 1.000.000,00) und der des Fremdkapitals 3.000.000,00 (5.000.000,00 – 2.000.000,00) und steht je nach Kontoart im Soll (Maschinen) oder im Haben (Fremdkapital).

3.5 Geschäftsvorfälle

Ein **Geschäftsvorfall** ist ein Vorgang, der immer zwei Bestandsposten in der Bilanz berührt – auf den **Konten** folglich als **Zu- oder Abgang** erfasst werden muss. Nachdem die Kontierungstechnik oben erläutert wurde, lässt sich diese, ausgehend von den vorstehenden Bestandskonten, an nachstehenden Geschäftsvorfällen verdeutlichen.

Geschäftsvorfälle

1. Kauf von Rohstoffen durch Banküberweisung .... 400.000,00 €
2. Verbrauch von Rohstoffen für die Fertigung .... 300.000,00 €
3. Kunden bezahlen ihre Käufe von Fertigerzeugnissen (Umsatzerlöse) durch Banküberweisung .... 8.000.000,00 €
4. Rückzahlung von Fremdkapital vom Bankkonto .... 1.000.000,00 €
5. Lohn- und Gehaltszahlungen vom Bankkonto .... 2.000.000,00 €
6. Kauf von Maschinen durch Banküberweisung .... 2.500.000,00 €
7. Kauf von Wertpapieren vom Bankkonto .... 200.000,00 €
8. Wir machen Abschreibungen wegen Wertminderungen
   a) Gebäude .... 500.000,00 €
   b) Maschinen .... 1.500.000,00 €

Die Veränderungen auf den Konten durch die einzelnen Geschäftsvorfälle sind **farbig unterlegt**.

Grundstücke	
1.500.000	

Gebäude	
2.500.000	500.000

Maschinen	
2.000.000	1.500.000
2.500.000	

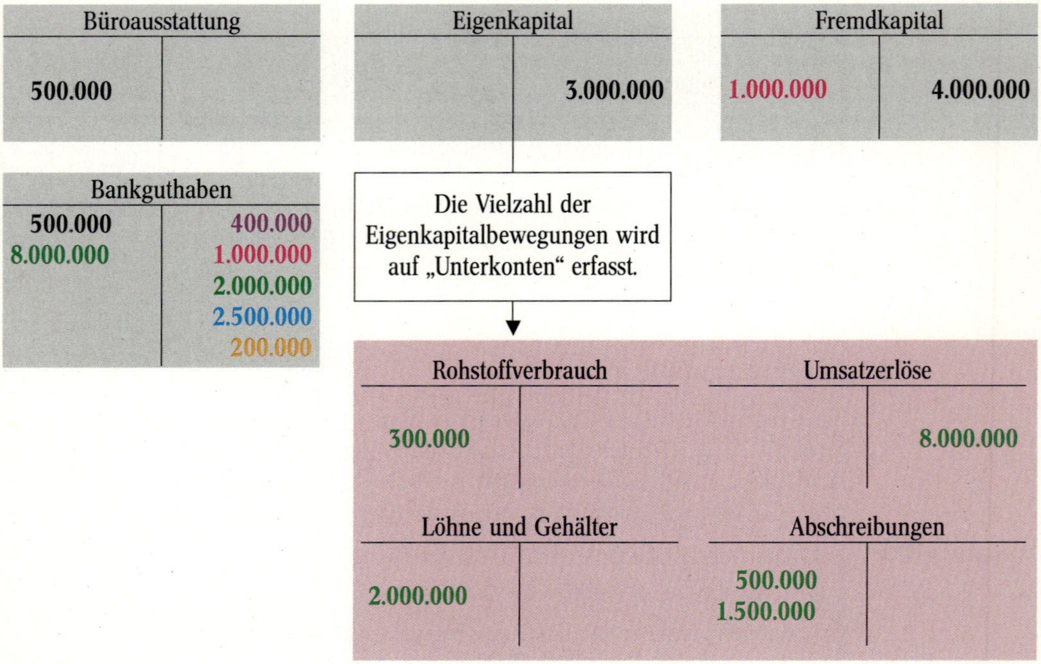

Für **Posten**, die in der Eröffnungsbilanz noch nicht enthalten waren (Rohstoffe, Wertpapiere) müssen **zusätzlich Konten** eingeführt werden.

Rohstoffbestand	
400.000	300.000

Wertpapiere	
200.000	

Jeder Geschäftsvorfall berührt immer zwei Konten.

3.6 Bilanzwirksamkeiten

Die Veränderung von jeweils zwei Posten, kann – muss aber nicht – zu einer Veränderung der Bilanzsumme führen. Insgesamt sind vier Möglichkeiten der Bilanzbeeinflussung zu unterscheiden:

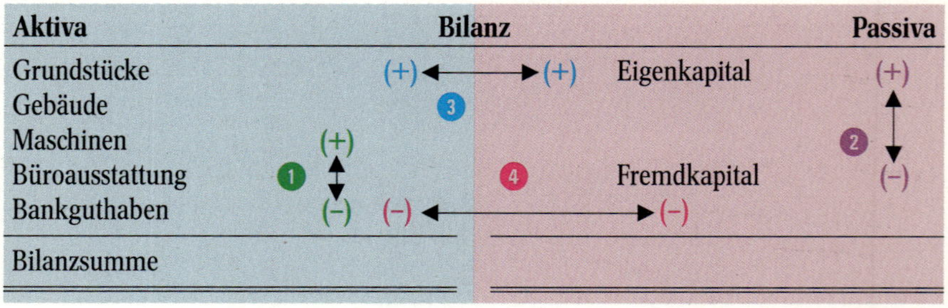

❶ **Aktivtausch:** Der Geschäftsvorfall betrifft nur die Aktivseite der Bilanz, z. B. Kauf von Maschinen durch Banküberweisung.
Die Bilanzsumme ändert sich nicht: **Maschinen** (+) **und Bank** (–)

❷ **Passivtausch:** Der Geschäftsvorfall betrifft nur die Passivseite der Bilanz, z. B. Schuldentilgung durch Eigenkapitalerhöhung.
Die Bilanzsumme ändert sich nicht: **Eigenkapital** (+) **und Fremdkapital** (–)

❸ **Bilanzverlängerung:** Der Geschäftsvorfall betrifft beide Seiten der Bilanz, z. B. Eigentümer bringt Grundstück in die Firma ein.
Der Vermehrung eines Aktivpostens steht auch die Vermehrung eines Passivpostens gegenüber: **Grundstücke** (+) **und Eigenkapital** (+)

❹ **Bilanzverkürzung:** Der Geschäftsvorfall betrifft beide Seiten der Bilanz, z. B. Rückzahlung von Fremdkapital vom Bankkonto.

Der Verminderung eines Aktivpostens entspricht die Verminderung eines Passivpostens: **Bankguthaben** (–) **und Fremdkapital** (–)

Jeder Geschäftsvorfall führt zu einer Änderung der Bilanzstruktur, aber nicht immer zu einer Änderung der Bilanzsumme.

3.7 Erfolgskonten

Aufwendungen
Erträge

Der Erfolg eines Unternehmens wird bestimmt durch die **Eigenkapitalveränderung**. Eigenkapitalminderungen werden als **Aufwendungen,** Eigenkapitalmehrungen als **Erträge** bezeichnet. Sie wären an sich unmittelbar auf dem Eigenkapitalkonto zu erfassen. Das hätte aber den Nachteil, dass das Eigenkapitalkonto unübersichtlich würde. Aus Gründen der Klarheit und Übersichtlichkeit ist es notwendig, die einzelnen Aufwands- und Ertragsarten kontenmäßig gesondert darzustellen, damit die Quellen des Erfolges deutlich erkennbar werden. Deshalb werden, wie oben gezeigt, **Erfolgskonten** als Unterkonten des Eigenkapitalkontos eingerichtet.

Eigenkapitalminderungen sind als Aufwendungen und Eigenkapitalmehrungen als Erträge auf Erfolgskonten zu erfassen.

3.8 Ergebnisermittlung

Gewinn und Verlust

Am Ende des Geschäftsjahres müssen nun Aufwendungen und Erträge einander gegenübergestellt werden, um den Erfolg des Unternehmens festzustellen. Diese Aufgabe übernimmt das Konto **„Gewinn und Verlust“** (GuV). Dieses Konto ist als Zusammenfassung **aller Erfolgskonten** ein Unterkonto des Bestandskontos **Eigenkapital**.

Gewinn und Verlust	
300.000	8.000.000
2.000.000	
500.000	
1.500.000	

Eigenkapital	
	3.000.000
	3.700.000

Gewinn	
	3.700.000

Eigenkapitalmehrung = Gewinn

Ist die Summe der **Aufwendungen größer** als die der **Erträge**, entsteht ein **Verlust** mit entsprechender **Eigenkapitalminderung**.

3.9 Kontenabschluss und Schlussbilanzerstellung

Nach der Erfolgsermittlung kann für jedes Bestandskonto der Endbestand festgestellt werden.

Grundstücke	
1.500.000	

Gebäude	
2.000.000	

Maschinen	
3.000.000	

Büroausstattung	
500.000	

Eigenkapital	
	6.700.000

Fremdkapital	
	3.000.000

Bankguthaben	
2.400.000	

Rohstoffbestand	
100.000	

Wertpapiere	
200.000	

Danach wird die Schlussbilanz des Geschäftsjahres aufgestellt, indem die Endbestände der **Aktivkonten** auf die **Aktivseite** der Schlussbilanz übertragen werden, die der **Passivkonten** auf die **Passivseite**.

Aktiva	Bilanz		Passiva
Grundstücke	1.500.000,00 €	Eigenkapital	6.700.000,00 €
Gebäude	2.000.000,00 €		
Maschinen	3.000.000,00 €		
Büroausstattung	500.000,00 €	Fremdkapital	3.000.000,00 €
Bankguthaben	2.400.000,00 €		
Rohstoffe	100.000,00 €		
Wertpapiere	200.000,00 €		
Bilanzsumme	9.700.000,00 €		9.700.000,00 €

Die **Schlussbilanz** eines Jahres ist zugleich die **Eröffnungsbilanz** des folgenden Geschäftsjahres. Diese inhaltliche Gleichheit nennt man **Bilanzidentität**.

Übersicht über die Konten der Buchführung:

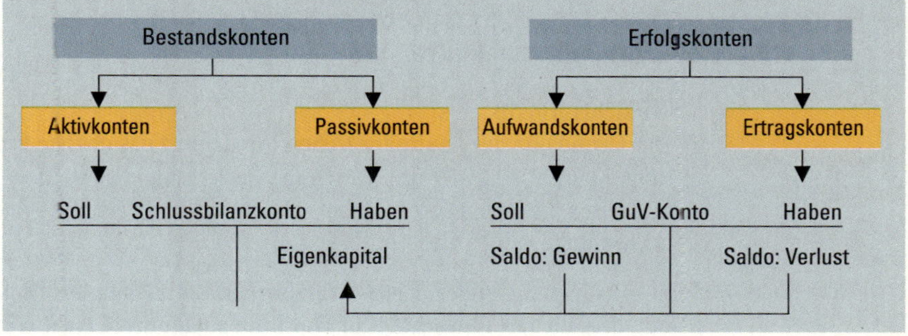

4 Bilanzierung der Höhe nach – Bewertung in der Bilanz

4.1 Zwecke und Adressaten

Da sich die Werte von Vermögen und Schulden von Jahr zu Jahr aus unterschiedlichen Gründen verändern können, ist eine jährliche Neubewertung in der Bilanz erforderlich. Da **Über- bzw. Unterbewertungen** von Vermögensgegenständen und Schulden immer die Gewinngröße beeinflussen, handelt es sich folglich um materielle Auswirkungen, die das Interesse von verschiedenen Personengruppen an Bewertungsentscheidungen begründen.

Aktionäre (Eigentümer)	Sie wollen i. d. R. **hohe Gewinnausschüttungen,** um eine gute Verzinsung ihres eingesetzten Kapitals zu erreichen: → hohe Wertansätze für Aktiva und niedrige für Passiva
Unternehmensleitung	Durch niedrige **Gewinnausweise und Gewinnausschüttungen** wollen sie möglichst viel Kapital im Betrieb halten: → niedrige Wertansätze für Aktiva und hohe für Passiva
Gläubiger	Auch sie haben ein Interesse an einer **hohen Kapitalbildung** im Betrieb, da sie ihr dem Betrieb überlassenes Kapital zurückhaben wollen: → niedrige Wertansätze für Aktiva und hohe für Passiva
Arbeitnehmer (Betriebsrat)	Zur zukünftigen Sicherung der Arbeitsplätze benötigt der Betrieb **Investitionskapital:** → niedrige Wertansätze für Aktiva und hohe für Passiva

Öffentlichkeit	Hier liegen unterschiedliche Interessen vor, da einige Personen entweder potenzielle Gläubiger oder Aktionäre sind.
Fiskus	Ein **hoher Gewinn** bringt auch hohe Steuereinnahmen. Die Bewertung in der Handelsbilanz ist maßgeblich für die Steuerbilanz: → hohe Wertansätze für Aktiva und niedrige für Passiva

Bewertungsentscheidungen sollen von der Unternehmensleitung möglichst objektiv und nicht alleine nach ihren Zielvorstellungen oder Rücksichtnahme auf eine Interessengruppe getroffen werden.

4.2 Bewertungsgrundsätze

- **Vorsichtsprinzip**
  Der **Grundsatz der kaufmännischen Vorsicht** ist das oberste Prinzip bei der Bewertung. Konkret bedeutet das: Durch die Bewertung eher weniger als zu viel Gewinn ausweisen. Die Fremdkapitalgeber erfahren dadurch einen besonderen Schutz (Gläubigerschutz).

Seine Ausprägung findet dieser Grundsatz im so genannten **Imparitätsprinzip**, das besagt, dass bei der **Bewertung für Gewinne genau das Gegenteil gilt wie für Verluste:** Der Ausweis von unrealisierten Gewinnen ist nicht zulässig, in Zukunft erwartete Verluste dürfen bzw. müssen jedoch bereits am Bilanzstichtag berücksichtigt werden.

BEISPIELE: Kurssteigerungen bei Wertpapieren, die aber noch nicht verkauft wurden (unrealisierter Gewinn), Grundstücke, die durch Umweltschäden an Wert verloren haben und noch nicht veräußert wurden (in Zukunft erwarteter Verlust).

- **Bilanzidentität**
  Die Eröffnungsbilanz eines neuen Geschäftsjahres muss wertmäßig die gleichen Positionen aufweisen wie die Schlussbilanz des vorangegangenen Geschäftsjahres.
- **Unternehmensfortführung**
  Es gilt das so genannte going-concern-Prinzip. Bewertung und Abschreibung erfolgen unter dem Gesichtspunkt der Weiterführung des Betriebes, nicht der Liquidation (§ 252 Abs. 1 Nr. 2 HGB).
- **Einzelbewertung**
  Vermögensgegenstände und Schulden sind einzeln zu bewerten, soweit nicht Ausnahmen zulässig sind (§ 252 Abs. 1 Nr. 3 HGB). Ausnahmen sind Gruppenbewertung (§ 240 Abs. 4 HGB), Festbewertung (§ 240 Abs. 3 HGB) und Sammelbewertung mittels Verbrauchsfolgeverfahren (§ 256 HGB).

  So können z. B. gleichartige oder gleichwertige (+/– 10 % Wertunterschied) Vermögensgegenstände wie Rohstoffe, Wertpapiere oder ein Warensortiment zu einer Gruppe zusammengefasst und mit dem gewogenen Durchschnitt angesetzt werden (Gruppenbewertungsverfahren).

- **Anschaffungskostenprinzip (Prinzip der nominellen Kapitalerhaltung)**
  Die Anschaffungs- bzw. Herstellungskosten bilden die obere Grenze der Bewertung und für die Bemessung der Gesamtabschreibungen. Höhere Wiederbeschaffungskosten dürfen nicht berücksichtigt werden (§ 253 Abs. 1 HGB).
- **Periodenabgrenzung**
  Aufwendungen und Erträge des Geschäftsjahres sind unabhängig von den Zeitpunkten der entsprechenden Zahlungen im Jahresabschluss zu berücksichtigen (§ 252 Abs. 1 Nr. 5 HGB).
- **Bewertungsstetigkeit (materielle Bilanzkontinuität)**
  Die im vorhergehenden Jahresabschluss angewendeten Bewertungs- und Abschreibungsmethoden sollen beibehalten werden (§ 252 Abs. 1 Nr. 6 HGB).

4.3 Bilanzielle Bewertung des Anlagevermögens

Die Vermögensgegenstände des Anlagevermögens, die im Laufe der Zeit an Wert verlieren, werden durch die Abschreibungen berichtigt. In der Bilanz sind die Vermögensgegenstände des Anlagevermögens mit den Anschaffungs- bzw. Herstellungskosten vermindert um die Abschreibungen anzusetzen.

Anschaffungskosten oder Herstellungskosten
– planmäßige Abschreibungen (bei abnutzbarem Vermögen)
– außerplanmäßige Abschreibungen (unter bestimmten Voraussetzungen)
= Bilanzwert

4.3.1 Anschaffungskosten

Anschaffungskosten umfassen alle Ausgaben und Aufwendungen, die einem Unternehmen tatsächlich entstehen, um ein Wirtschaftsgut zu beschaffen und für den vorgesehenen Zweck verwendungsfähig zu machen. Zu den Anschaffungskosten gehören auch die Nebenkosten sowie die nachträglichen Anschaffungskosten. Anschaffungspreisminderungen sind abzusetzen (§ 255 Abs. 1 HGB).

Rechnungspreis
– Nachlässe (Skonti, Rabatte)
+ Nebenkosten (Gebühren, Transport-, Montagekosten, Steuern, Zölle, Versicherungen u. Ä., jedoch nicht Kosten der Geldbeschaffung)

4.3.2 Herstellungskosten

Als Herstellungskosten bezeichnet man alle durch den Verbrauch von Gütern und die Inanspruchnahme von Diensten für die Herstellung eines Erzeugnisses, seine Erweiterung oder für eine über seinen ursprünglichen Zustand hinausgehende wesentliche Verbesserung tatsächlich entstandenen Kosten (§ 255 Abs. 2 HGB).

Materialeinzelkosten
+ Fertigungslöhne
+ Material- und Fertigungsgemeinkosten
+ Sondereinzelkosten der Fertigung

Die den Erzeugnissen direkt zurechenbaren Kosten (Fertigungsmaterialkosten, Fertigungslöhne, Sondereinzelkosten der Fertigung) **müssen** als Herstellungskosten angesetzt werden.

Fertigungsmaterial
+ Fertigungslöhne
+ Sondereinzelkosten der Fertigung

= Untergrenze der handelsrechtlichen Herstellungskosten

Die den Erzeugnissen nicht direkt zurechenbaren Kosten (die so genannten Gemeinkosten) **dürfen** bei der Berechnung der Herstellungskosten angesetzt werden (Bewertungswahlrecht).

Es dürfen angemessene Teile der notwendigen Materialgemeinkosten, der notwendigen Fertigungsgemeinkosten und des Wertverzehrs des Anlagevermögens, soweit er durch die Fertigung veranlasst ist, eingerechnet werden.

Auch Kosten der allgemeinen Verwaltung sowie Aufwendungen für soziale Einrichtungen des Betriebs, für freiwillige soziale Leistungen und für die betriebliche Altersversorgung dürfen angesetzt werden.

Zinsen für Fremdkapital, das zur Finanzierung der Herstellung eines Vermögensgegenstands verwendet wird, dürfen angesetzt werden, soweit sie auf den Zeitraum der Herstellung entfallen. Ansonsten gehören Zinsen für Fremdkapital nicht zu den Herstellungskosten.

Fertigungsmaterial
+ Fertigungslöhne
+ Sondereinzelkosten der Fertigung
+ Materialgemeinkosten
+ Fertigungsgemeinkosten
+ Wertverzehr des Anlagevermögens, wenn durch die Fertigung veranlasst
+ Kosten der allgemeinen Verwaltung
+ Aufwendungen für soziale Einrichtungen des Betriebs
+ Aufwendungen für freiwillige soziale Leistungen
+ Aufwendungen für betriebliche Altersversorgung
+ Zinsen für Fremdkapital, soweit sie auf den Zeitraum der Herstellung eines Vermögensgegenstands entfallen

---

= Obergrenze der handelsrechtlichen Herstellungskosten

Vertriebskosten gehören nicht zu den Herstellungskosten und **dürfen nicht** aktiviert werden.

4.3.3 Planmäßige Abschreibungen

LZ 10.1 Vermögensgegenstände, deren Nutzung zeitlich begrenzt ist (z. B. Patente, Lizenzen, Gebäude, Einrichtungen, Maschinen) werden planmäßig, d. h. nach ihrer **betriebsgewöhnlichen Nutzungsdauer**, abgeschrieben.

Die Nutzungsdauer ist die Lebensdauer, während welcher das Anlagegut tatsächlich genutzt werden kann. Es ist klar, dass diese Zeitdauer in den meisten Fällen nur geschätzt werden kann. Der **Abschreibungsplan** muss die Anschaffungs- oder Herstellungskosten auf die Geschäftsjahre verteilen, in denen der Vermögensgegenstand voraussichtlich genutzt werden kann. Deshalb spricht man oft von der voraussichtlichen Nutzungsdauer. In der Praxis kommt es vor, dass man die Nutzungsdauer zu lang oder zu kurz schätzt.

LZ 11.3 Vermögensgegenstände mit zeitlich begrenzter Nutzungsdauer, die der Aktivierungspflicht unterliegen, dürfen nur mit ihrem aktuellen Wert zum Bilanzstichtag in die Bilanz aufgenommen werden. Hierbei sind die Anschaffungs- oder Herstellungskosten um den Abschreibungsbetrag zu mindern. Die Abschreibungsbeträge erscheinen nur in der GuV-Rechnung, in der Bilanz wird der um die Abschreibung verminderte Wert angegeben.

Deshalb mindern Anschaffungen solcher Vermögensgegenstände im ersten Jahr nicht in voller Höhe den Gewinn, sondern lediglich um den Abschreibungsbetrag, der abhängig von deren Nutzungsdauer und den geltenden Abschreibungsvorschriften ist.

Die Höhe der Abschreibung im Anschaffungsjahr richtet sich grundsätzlich nach dem Datum der Anschaffung. Geringwertige Wirtschaftsgüter, deren Anschaffungsbetrag nicht höher als derzeit 410,00 € beträgt, werden im Anschaffungsjahr jedoch in voller Höhe abgeschrieben, was den Gewinn direkt um den Anschaffungsbetrag mindert.

4.3.3.1 Abschreibungsursachen

Die wesentlichsten Ursachen für die Abnutzung oder den allmählichen Verbrauch von Vermögensgegenständen sind:

- Abnutzung durch Gebrauch bei der betrieblichen Tätigkeit (Abnutzung von Maschinen, Gebäuden, Betriebs- und Geschäftsausstattung),
- Substanzminderung (Kiesabbau usw.),
- natürlicher oder ruhender Verschleiß (Rosten eines Pkws, Verwittern eines Gebäudes usw.),
- technische Veralterung (durch neue technische Erfindungen, durch den technischen Fortschritt),
- wirtschaftliche Veralterung (durch Nachfrageveränderung bei den zu produzierenden Gütern, z. B. durch Mode- und Geschmackswechsel u. a.),
- Fristablauf von Nutzungsrechten (z. B. bei Lizenzen, Patenten, Bauten auf gepachteten Grundstücken, Einbauten in gemieteten oder gepachteten Räumen).

Bilanzierung

4.3.3.2 Abschreibungsverfahren

Abschreibungsverfahren stellen Methoden dar, die angeben, wie die Abschreibungssumme auf die geschätzte Nutzungsdauer entsprechend dem vermuteten Werteverzehr zu verteilen ist. Da in der Regel kein Maßstab existiert, anhand dessen die Wertminderung von Anlagegütern eindeutig und objektiv erfasst werden kann, erfolgt die Verteilung der Abschreibungsbeträge nach bestimmten standardisierten Verfahren.

Planmäßige Abschreibungsmethoden sind:

LZ 10.2 **lineare Abschreibung**

- **Lineare Abschreibung**
  Die lineare Abschreibung beruht auf der Annahme, dass die Wertminderung von Anlagegütern im Zeitablauf konstant ist. Die Anschaffungs- bzw. Herstellungskosten werden über die geschätzte Nutzungsdauer gleichmäßig verteilt. Dementsprechend wird die Abschreibungssumme (= Anschaffungswert – Restwert am Ende der Nutzungsdauer) gleichmäßig auf die Perioden der Nutzung verteilt. Die jährlichen Abschreibungsbeträge bleiben im Zeitablauf gleich hoch.

BEISPIELE:

Anschaffungskosten einer Maschine:	120.000,00 €
wirtschaftliche Nutzungsdauer, geschätzt:	6 Jahre

Die lineare Abschreibung wird wie folgt berechnet:

$$\frac{\text{Anschaffungskosten}}{\text{geschätzte Nutzungsdauer in Jahren}} = \text{Abschreibungsbetrag}$$

Für das Beispiel ergibt sich:

$$\frac{120.000{,}00\ €}{6\ \text{Jahre}} = 20.000{,}00\ €/\text{Jahr}$$

- **Degressive Abschreibung**
  Die Verfahren der degressiven Abschreibung basieren auf der Annahme, dass das Ausmaß der Wertminderung eines Anlagegutes von Periode zu Periode abnimmt. Dadurch sinken die Abschreibungsbeträge über die Nutzungsdauer.

  arithmetisch-degressiv

  Beim **arithmetisch-degressiven Verfahren** sinken die Abschreibungsbeträge in jeder Periode um einen festen Betrag.

  digitale Abschreibung

  Wird zusätzlich angenommen, dass der Abschreibungsbetrag der letzten Periode genau dem konstanten Degressionsbetrag entspricht, so liegt die **digitale Abschreibung** als Spezialfall der arithmetisch-degressiven Abschreibung vor.

  geometrisch-degressiv

  Beim **geometrisch-degressiven** Verfahren sinken die Abschreibungsbeträge in jeder Periode um einen festen Bruchteil (Prozentsatz).

  Buchwertabschreibung

  Eine **Buchwertabschreibung** stellt eine Vereinfachung dar und ist dadurch gekennzeichnet, dass die Abschreibungen einer Periode einem konstanten Bruchteil der Anschaffungskosten bzw. der Restwerte der Vorperioden entsprechen. Die Unendlichkeit dieses Verfahrens lässt sich nur durch die Annahme eines Restverkaufserlöses begrenzen.

- **Leistungsabschreibung**
  Verfahren, die die Höhe der Abschreibung nicht nach dem Zeitablauf, sondern nach der Anzahl der erstellten Produkteinheiten bemessen, heißen Leistungsabschrei-

Leistungsabschreibung

bungsverfahren. Grundlage für die Ermittlung der Abschreibungsbeträge ist hier die geschätzte Gesamtleistungsabgabe eines Anlagegutes (z. B. Betriebsstunden, Stückzahlen). Entsprechend der jährlichen Inanspruchnahme resultieren schwankende Abschreibungsbeträge im Zeitablauf. Wirtschaftliche Entwertung durch Alter wird nicht berücksichtigt.

Bilanzierung

4.3.4 Außerplanmäßige Abschreibungen

Ohne Rücksicht darauf, ob ihre Nutzung zeitlich begrenzt ist, können oder müssen bei Vermögensgegenständen des Anlagevermögens außerplanmäßige Abschreibungen vorgenommen werden, um die Vermögensgegenstände mit dem **niedrigeren Wert** anzusetzen, der ihnen am Abschlussstichtag beizulegen ist (§ 253 Abs. 2 HGB).

außergewöhnliche Entwertung

Eine **außergewöhnliche** Entwertung kann **technische, wirtschaftliche oder rechtliche Gründe** haben. Als außergewöhnlich ist eine Entwertung dann anzusehen, wenn

- die technischen Fähigkeiten des zu bewertenden Wirtschaftsgutes, Nutzungen abzugeben, stärker abgenommen haben, als es durch die planmäßige Abschreibung berücksichtigt wird (Brand, Hochwasser, Explosion usw.);
- wenn ein Nutzungsvorrat, den ein Anlagegut noch repräsentiert, aus wirtschaftlichen Gründen stärker entwertet worden ist, als es der planmäßigen Abschreibung entspricht (technischer Fortschritt, Modewechsel, Verlust von Absatzgebieten usw.);
- wenn die Wiederbeschaffungskosten oder der Einzelveräußerungswert des Anlageguts unter den durch planmäßige Abschreibung ermittelten Restwert gesunken sind;
- wenn Nutzungsrechte (z. B. Lizenzen, Patente) bereits vor Ende der planmäßigen Abschreibungsdauer keinen Wert mehr haben.

4.4 Bilanzielle Bewertung des Umlaufvermögens

Vermögensgegenstände des Umlaufvermögens sind mit den Anschaffungs- bzw. Herstellungskosten, vermindert um außerplanmäßige Abschreibungen, anzusetzen.

	Anschaffungskosten oder Herstellungskosten
–	**außerplanmäßige Abschreibungen (unter bestimmten Voraussetzungen)**
=	**Bilanzwert**

4.4.1 Anschaffungskosten

Anschaffungskosten umfassen alle Ausgaben und Aufwendungen, die einem Unternehmen tatsächlich entstehen, um ein Wirtschaftsgut zu beschaffen und für den vorgesehenen Zweck verwendungsfähig zu machen. Zu den Anschaffungskosten gehören auch die Nebenkosten sowie die nachträglichen Anschaffungskosten. Anschaffungspreisminderungen sind anzusetzen (§ 255 Abs. 1 HGB).

Für die Ermittlung der Anschaffungskosten gelten die gleichen Grundsätze wie beim Anlagevermögen.

4.4.2 Herstellungskosten

Als Herstellungskosten bezeichnet man alle durch den Verbrauch von Gütern und die Inanspruchnahme von Diensten für die Herstellung eines Erzeugnisses, seine Erweiterung oder für eine über seinen ursprünglichen Zustand hinausgehende wesentliche Verbesserung tatsächlich entstandenen Kosten (§ 255 Abs. 2 HGB).

tatsächlich entstandene Kosten

Die den Erzeugnissen direkt zurechenbaren Kosten (Fertigungsmaterialkosten, Fertigungslöhne, Sondereinzelkosten der Fertigung) **müssen** als Herstellungskosten angesetzt werden.

Die den Erzeugnissen nicht direkt zurechenbaren Kosten (die so genannten Gemeinkosten) **dürfen** bei der Berechnung der Herstellungskosten angesetzt werden (Bewertungswahlrecht).

Vertriebskosten gehören nicht zu den Herstellungskosten und **dürfen nicht** angesetzt werden.

Für die Ermittlung der Herstellungskosten gelten die gleichen Grundsätze wie beim Anlagevermögen.

4.4.3 Außerplanmäßige Abschreibungen

Vermögensgegenstände des Umlaufvermögens sind bestimmt **nicht dauernd** dem Geschäftsbetrieb zu dienen. Sie sollen so schnell wie möglich verkauft werden. Aus diesem Grund sind **planmäßige Abschreibungen** nicht geboten, da eine Nutzung im Unternehmen nicht vorhanden ist. Es **müssen** aber außerplanmäßige Abschreibungen vorgenommen werden, um die Vermögensgegenstände mit dem **niedrigeren Wert** anzusetzen, der ihnen am Abschlussstichtag beizulegen ist (§ 253 Abs. 3 HGB).

Eine technische Veralterung aufgrund des technischen Fortschritts (z. B. Microprozessoren bei Computern) oder ein Nachfragerückgang wegen eines veränderten Verbraucherverhaltens (z. B. Konsum umweltschonender Erzeugnisse) haben sehr starke Auswirkungen auf die Umlaufbestände eines Unternehmes. Diese sind auch in nächster Zukunft kaum oder nur mit hohen Preiszugeständnissen verwertbar. Aus diesem Grund **müssen** für solche Entwertungen außerplanmäßige Abschreibungen vorgenommen werden. Dazu gehören natürlich auch Schadensfälle oder Kursverluste an den Börsen.

Bilanzierung

5 Gewinn- und Verlustrechnung, Anhang und Lagebericht

5.1 Gewinn- und Verlustrechnung (GuV)

5.1.1 Gliederung der Gewinn- und Verlustrechnung

LZ 8.1

Ertragslage

Soll der Jahresabschluss einen möglichst sicheren Einblick auch in die **Ertragslage** des Betriebes geben, so muss eine **Gewinn- und Verlustrechnung** (GuV) nach bestimmten Grundsätzen aufgestellt werden. Dazu gehören die Grundsätze der Klarheit und Übersichtlichkeit und der Grundsatz des Bruttoausweises von Aufwendungen und Erträgen.

Die Gewinn- und Verlustrechnung zeigt, wie der Erfolg zustande kommt!

Um den Erfolg des Unternehmens festzustellen, müssen am Ende eines Geschäftsjahres Aufwendungen und Erträge einander gegenübergestellt werden.

Die Gewinn- und Verlustrechnung kann in

Kontenform

- Kontenform (Aufwendungen im Soll und Erträge im Haben)
  oder

Staffelform

- Staffelform (Aufwendungen werden von Erträgen abgezogen)

aufgestellt werden.

Aufwand

Erträge

Umsatz

Als **Aufwand** bezeichnet man den Verzehr von Gütern und Dienstleistungen (z. B. Materialaufwand, Personalaufwand, Zinsaufwand). Die Werte der Güter und Dienstleistungen (gekauft oder neu geschaffen) stellen **Erträge** für das Unternehmen dar. Dabei ist es unerheblich, ob die Güter verkauft worden sind oder noch als Lagerbestände vorhanden sind. Damit man die Erträge der verkauften Güter und Leistungen von anderen Erträgen unterscheiden kann, bezeichnet man sie als Verkaufserlöse, Umsatzerlöse oder einfach nur **Umsatz.**

Mit Umsatz wird folglich die mit Verkaufspreisen bewertete Menge der abgesetzten (verkauften) Güter und/oder Dienstleistungen bezeichnet. Der Umsatz wird wie folgt berechnet:
Menge der verkauften Güter in Stück · Preis/Stück = Umsatz

BEISPIEL:

Von einem Produkt werden 2000 Stück zu je 30,00 € verkauft.

Rechnung: 2000 Stück · 30,00 € = 60.000,00 €

LZ 9.2

Gewinn/ Verlust

Die Differenz zwischen Erträgen und Aufwendungen ist – allgemein ausgedrückt – das Ergebnis als **Gewinn** (positiv) oder **Verlust** (negativ). Oder anders gesagt:

Umsatz – Kosten = Gewinn oder Verlust

Die Erstellung von Gütern oder Dienstleistungen verursacht immer Kosten (Aufwand/Aufwendungen), die den Gewinn schmälern.

BEISPIEL:

Die Erstellung der 2000 Stück aus dem o. a. Beispiel hat 62.000,00 € Kosten durch Material- und Personalaufwand verursacht.

60.000,00 € (Umsatz) – 62.000,00 € (Kosten) = –2.000,00 € (Verlust)

Stehen dem angegebenen Umsatz nur 50.000,00 € Kosten gegenüber, so kann ein Gewinn in Höhe von 10.000,00 € erzielt werden.
60.000,00 € – 50.000,00 € = 10.000,00 €

Je nachdem, welche Aufwendungen welchen Erträgen gegenübergestellt werden, lassen sich auch Teilergebnisse berechnen (Betriebsergebnis, Finanzergebnis usw.).

5.1.1.1 Gewinn- und Verlustrechnung in Kontenform

Bei der GuV-Rechnung in Kontenform werden die Aufwendungen im Soll und die Erträge im Haben erfasst.

Gewinn- und Verlustrechnung (Kontenform)

Aufwendungen	**Erträge**
Materialaufwand	Umsatz
Personalaufwand	Zinserträge
Abschreibungen	Außerordentliche Erträge
Sonstige Aufwendungen	
Zinsaufwand	
Außerordentliche Aufwendungen	
Gewinn	
Summe	

5.1.1.2 Gewinn- und Verlustrechnung in Staffelform

LZ 12.1 Bei der GuV-Rechnung in Staffelform (+/– Rechnung) werden die Aufwendungen (–) von den Erträgen (+) abgezogen. Die Differenz ist der Gewinn oder Verlust.

LZ 12.2 Der Aufbau der GuV in Staffelform ist – nach allgemeiner Auffassung – transparenter und übersichtlicher als der Aufbau einer GuV in Kontenform, da in der Staffelform die Teilergebnisse (z. B. Betriebsergebnis, Finanzergebnis) besser erkennbar sind.

LZ 13.7

Gewinn- und Verlustrechnung (Staffelform, Gesamtkostenverfahren)

Umsatzerlöse
– Materialaufwand
– Personalaufwand
– Abschreibungen
– Sonstige betriebliche Aufwendungen
= Betriebsergebnis (operatives Ergebnis)

Zinsen und ähnliche Erträge
– Zinsen und ähnliche Aufwendungen
= Finanzergebnis

Ergebnis der gewöhnlichen Geschäftstätigkeit
(Betriebsergebnis + Finanzergebnis)

Außerordentliche Erträge
– Außerordentliche Aufwendungen
= Außerordentliches Ergebnis

	Gesamtergebnis (Gewinn vor Steuern)
	(Ergebnis der gewöhnlichen Geschäftstätigkeit + außerordentliches Ergebnis)
–	Steuern vom Einkommen und vom Ertrag
=	**Jahresüberschuss**
	(Ergebnis der gewöhnlichen Geschäftstätigkeit + außerordentliches Ergebnis – Steuern vom Einkommen und vom Ertrag)
–	Gewinnrücklagenzuführung
=	**Bilanzgewinn**

LZ 8.2 **Jahresergebnis**

Die so genannte Grundformel beeinhaltet die Teilergebnisse der GuV-Rechnung und ermittelt das Jahresergebnis.

	Betriebsergebnis (operatives Ergebnis)
+/–	Finanzergebnis
=	Ergebnis der gewöhnlichen Geschäftstätigkeit
+/–	Außerordentliches Ergebnis
=	Gesamtergebnis
–	Steuern von Einkommen und vom Ertrag
–	sonstige Steuern
=	Jahresergebnis (Jahresüberschuss/Jahresfehlbetrag)
–	Rücklagen
=	Bilanzgewinn

LZ 13.5

Bilanzgewinn

Das Jahresergebnis stellt den Jahresüberschuss (Gewinn) oder Jahresfehlbetrag (Verlust) eines Unternehmens dar. Falls jedoch Rücklagen gebildet werden, vermindern diese das Jahresergebnis, da Rücklagen im Unternehmen verbleiben. Der verbleibende Betrag wird Bilanzgewinn genannt, der auch negativ (Bilanzverlust) sein kann. Der Bilanzgewinn stellt den verteilungsfähigen Gewinn und damit Eigenkapital dar, der an die Eigentümer ausgeschüttet werden kann.

5.1.2 Inhalt und Aussagekraft einzelner Posten der Gewinn- und Verlustrechnung

LZ 13.1, 14.1 **Betriebsergebnis**

Das **Betriebsergebnis** zeigt das Ergebnis eines Geschäftsjahres aufgrund der eigentlichen Tätigkeit eines Unternehmens.

	Umsatzerlöse
+	aktivierte Eigenleistungen (selbst erstellte Anlagen)
+/–	Bestandsveränderungen (+ Erhöhung, – Verminderung)
+	sonstige betriebliche Erträge
–	Materialaufwand
–	Personalaufwand
–	Abschreibungen
–	sonstige betriebliche Aufwendungen
=	**Betriebsergebnis (operatives Ergebnis)**

LZ 13.1, 14.1

Sonstige betriebliche Erträge und sonstige **betriebliche Aufwendungen** sind alle Aufwendungen und Erträge, die mit der Leistungserstellung und Umsatzerzielung im engeren und weiteren Sinne zusammenhängen, soweit sie nicht bereits in anderen Positionen ausgewiesen wurden.

Ein negatives Betriebsergebnis ergibt sich insbesondere dann, wenn die Personal- und/oder Materialkosten höher sind als der erzielte Umsatz. Es gilt somit zunächst die Kostenstruktur zu überprüfen und Ursachen festzustellen. Sind z. B. die Materialkosten höher als die erzielten Umsätze, reichten also die Verkaufsaktivitäten des Betriebes nicht aus die Kosten zu decken bzw. zu übersteigen.

Möglicherweise sind aber auch die Einkaufspreise für das Material zu hoch, sodass ein anderer - günstigerer - Lieferant gefunden werden muss. Können die Ursachen, die zu dem negativen Ergebnis geführt haben, nicht beseitigt werden, besteht höchste Gefahr für das Unternehmen, da das Kerngeschäft keine ausreichende Existenzgrundlage mehr bildet. Neue Geschäftsfelder gilt es zu erschließen.

LZ 13.3
Finanzergebnis

Das **Finanzergebnis** zeigt das Ergebnis eines Geschäftsjahres aufgrund der im Regelfall branchenfremden (Ausnahme natürlich Banken) Tätigkeit eines Unternehmens. Diese Tätigkeit ist aber notwendig, da Vorleistungen (z. B. Investitionen) finanziert werden müssen und Barmittel gut angelegt werden sollten.

	Erträge aus Beteiligungen
+	Erträge aus Wertpapieranlagen
+	Zinsen und ähnliche Erträge
–	Abschreibungen auf Finanzanlagen
–	Zinsen und ähnliche Aufwendungen
=	**Finanzergebnis**

LZ 13.3

Ein positives Finanzergebnis ist Ausdruck einer soliden Finanzierung des Unternehmens. Es kann zumindest vorübergehend Probleme im Kerngeschäft (negatives Betriebsergebnis) überdecken. Ein negatives Finanzergebnis kann Indiz dafür sein, dass die Fremdkapitalausstattung des Unternehmens zu hoch ist, was zu einer gefährlich hohen Zinsbelastung geführt hat und dauerhaft führen kann. Umschuldungsmaßnahmen sind notwendig. Es können aber auch andere Gründe (z. B. Kursverfall an den Börsen, Spekulationsverluste) für ein negatives Finanzergebnis verantwortlich sein.

LZ 13.2, 14.2
Ergebnis der gewöhnlichen Geschäftstätigkeit

Das **Ergebnis der gewöhnlichen Geschäftstätigkeit** (EGT) zeigt das laufende (normale) Ergebnis eines Geschäftsjahres aufgrund der eigentlichen und notwendigen Tätigkeit eines Unternehmens.

	Betriebsergebnis (operatives Ergebnis)
+	Finanzergebnis
=	**Ergebnis gewöhnlichen Geschäftstätigkeit**

Aus dem Ergebnis der gewöhnlichen Geschäftstätigkeit können Erwartungen für die Zukunft abgeleitet werden. Zu ergründen ist allerdings immer, ob dafür das Betriebsergebnis, das Finanzergebnis oder beide gleichermaßen verantwortlich sind. Ist Letzteres der Fall und dieses Ergebnis negativ, besteht höchste Gefahr für das Unternehmen; ist es dagegen postitiv, braucht man sich zumindest für die nahe Zukunft keine großen Sorgen zu machen.

LZ 14.2

Bei einem negativen Betriebergebnis kann ein sehr positives Finanzergebnis zu einem positiven EGT führen. Somit können Verluste aus dem Kerngeschäft durch das Finanzergebnis ausgeglichen werden.

In diesem Fall ist es für die zukünftige Geschäftstätigkeit sehr wichtig, die Ursachen für die Verluste im Kerngeschäft zu ergründen.

Dauerhaft ist es nicht sinnvoll, ein positives EGT über das Finanzergebnis anstelle des Kerngeschäftes (Betriebsergebnis) zu erzielen. Auch der umgekehrte Fall, ein negatives Finanzergebnis durch ein positives Betriebsergebnis auszugleichen, kann auf Dauer kritisch für den Unternehmenserfolg sein.

LZ 13.4, 14.3
außerordentliches Ergebnis

Das **außerordentliche Ergebnis** soll nur ganz außergewöhnliche Erträge bzw. Aufwendungen enthalten (z. B. Verkauf von Betriebsteilen mit Gewinn oder Verlust).

	außerordentliche Erträge
–	außerordentliche Aufwendungen
=	**außerordentliches Ergebnis**

Ein außerordentliches Ergebnis soll das laufende (normale) Ergebnis (Betriebsergebnis und Finanzergebnis) nicht verfälschen und wird deshalb explizit nach dem EGT ausgewiesen. Dadurch wird dem Bilanzleser gezeigt, dass der außerordentliche Gewinn oder Verlust nur in diesem Geschäftsjahr entstanden ist und keine Erwartungen für die Zukunft daraus abgeleitet werden dürfen.

So ist es z. B. nicht in jedem Jahr möglich, Tochterfirmen zu verkaufen.

Äußerst kritisch muss ein positives außerordentliches Ergebnis betrachtet werden, das Probleme im Kerngeschäft (negatives Betriebsergebnis) überdecken soll.

Ertragssteuern

Der gesonderte Ausweis der **Ertragsteuern,** ohne sonstige Steuern, erhöht zweifellos den Informationsgehalt (z. B. Nutzung von Steuervergünstigungen).

5.1.3 Gesamtkostenverfahren und Umsatzkostenverfahren

LZ 12.1

Die Gewinn- und Verlustrechnung kann nach dem

- **Gesamtkostenverfahren**
  oder dem
- **Umsatzkostenverfahren**

aufgestellt werden.

Nur das **Gesamtkostenverfahren** enthält die **Posten Material-, Personalaufwand und Abschreibungen.** Bei Anwendung des Umsatzkostenverfahrens müssen diese wesentlichen Aufwandsarten im Anhang angegeben werden. Dieses Verfahren ist bei kleinen Unternehmen üblich.

Die überwiegende Mehrheit der großen nationalen und internationalen Firmen zieht das **Umsatzkostenverfahren** dem Gesamtkostenverfahren vor, da die Gegenüberstellung des Umsatzes mit den **Herstellungskosten, die zur Erzielung dieses Umsatzes** notwendig waren, das **Bruttoergebnis** ergibt.

5.1.3.1 Gesamtkostenverfahren

Den Umsatzerlösen werden die gesamten Kosten des Jahres gegenübergestellt. Da ein Teil der Kosten (Herstellkosten) jedoch nur für die produzierte Menge anfällt, die Umsatzerlöse dagegen für die abgesetzte Menge, werden die jeweils zu Herstellkosten bewerteten Bestandserhöhungen an fertigen und unfertigen Erzeugnissen sowie aktivierbaren Eigenleistungen den Erlösen und die Bestandsminderungen den Kosten hinzugerechnet.

Das Gesamtkostenverfahren stellt der **gesamten Leistung** (Umsatz, Eigenleistungen und Bestandsveränderungen) die **gesamten Kosten** eines Jahres gegenüber.

	Umsatz
+	aktivierte Eigenleistungen (selbst erstellte Anlagen)
+/–	Bestandsveränderungen (+ Erhöhung, – Verminderung)
=	Gesamtleistung
–	Gesamtaufwendungen
=	Jahresergebnis

Gliederung der Gewinn- und Verlustrechnung nach dem Gesamtkostenverfahren

Gesamtleistung – Gesamtkosten

Betriebsergebnis (operatives Ergebnis)

1. Umsatzerlöse
2. Erhöhung oder Verminderung des Bestandes an fertigen und unfertigen Erzeugnissen
3. andere aktivierte Eigenleistungen
4. sonstige betriebliche Erträge
5. Materialaufwand:
   a) Aufwendungen für Roh-, Hilfs- und Betriebsstoffe und für bezogene Waren
   b) Aufwendungen für bezogene Leistungen
6. Personalaufwand:
   a) Löhne und Gehälter
   b) soziale Abgaben und Aufwendungen für Altersversorgung und Unterstützung
7. Abschreibungen
   a) auf immaterielle Vermögensgegenstände d. Anlagevermögens u. Sachanlagen sowie auf aktivierte Aufwendungen für die Ingangsetzung und Erweiterung des Geschäftsbetriebs
   b) auf Vermögensgegenstände des Umlaufvermögens, soweit diese die in der Kapitalgesellschaft üblichen Abschreibungen überschreiten
   c) außerplanmäßige Abschreibungen auf Vermögensgegenstände des Anlagevermögens
   d) außerplanmäßige Abschreibungen auf Vermögensgegenstände des Umlaufvermögens
8. sonstige betriebliche Anwendungen

Finanzergebnis

9. Erträge aus Beteiligungen, davon aus verbundenen Unternehmen
10. Erträge aus Verlustübernahme
11. aufgrund einer Gewinngemeinschaft eines Gewinnabführungs- oder eines Teilgewinnabführungsvertrags erhaltene Gewinne
12. Erträge aus anderen Wertpapieren und Ausleihungen des Finanzanlagevermögens, davon aus verbundenen Unternehmen
13. sonstige Zinsen und ähnliche Erträge, davon aus verbundenen Unternehmen
14. Abschreibungen auf Finanzanlagen und auf Wertpapiere des Umlaufvermögens
15. Aufwendungen aus Verlustübernahme
16. aufgrund einer Gewinngemeinschaft eines Gewinnabführungs- oder eines Teilgewinnabführungsvertrags abgeführte Gewinne
17. Zinsen und ähnliche Aufwendungen, davon an verbundene Unternehmen

18. Ergebnis der gewöhnlichen Geschäftstätigkeit (Betriebsergebnis + Finanzergebnis)
19. außerordentliche Erträge
20. außerordentliche Aufwendungen
21. außerordentliches Ergebnis (19. - 20.)
22. Steuern vom Einkommen und vom Ertrag
23. sonstige Steuern
24. Jahresüberschuss/Jahresfehlbetrag (18. + 21. – 22. – 23.)

Bilanzierung

BEISPIEL:

Die GuV-Rechnung nach dem Gesamtkostenverfahren kann beispielsweise folgendermaßen aussehen:

1.	Umsatzerlöse	8.150.000,00	
2.	Erhöhung oder Verminderung des Bestandes an fertigen und unfertigen Erzeugnissen	+ 20.000,00	
3.	andere aktivierte Eigenleistungen	0	
4.	sonstige betriebliche Erträge	+ 30.000,00	
5.	Materialaufwand	– 5.750.000,00	
6.	Personalaufwand	– 820.000,00	
7.	Abschreibungen	– 180.000,00	
8.	sonstige betriebliche Aufwendungen	– 850.000,00	
	Betriebsergebnis		**600.000,00**
9.	Erträge aus Beteiligungen	0	
10.	Erträge aus anderen Wertpapieren	0	
11.	sonstige Zinsen/ähnliche Erträge	+ 5.000,00	
12.	Abschreibungen auf Finanzanlagen / Wertpapiere des Umlaufvermögens	0	
13.	Zinsen und ähnliche Aufwendungen	– 75.000,00	
	Finanzergebnis		**– 70.000,00**
14.	**Ergebnis der gewöhnlichen Geschäftstätigkeit**		**530.000,00**
15.	außerordentliche Erträge	+ 80.000,00	
16.	außerordentliche Aufwendungen	– 50.000,00	
17.	**außerordentliches Ergebnis**	**30.000,00**	
18.	Steuer vom Einkommen und vom Ertrag	– 144.000,00	
19.	sonstige Steuern	– 86.000,00	
20.	**Jahresüberschuss / Jahresfehlbetrag**		**330.000,00**

5.1.3.2 Umsatzkostenverfahren

Beim Umsatzkostenverfahren werden den Umsatzerlösen nur die Umsatzkosten (Aufwendungen, die zur Erzielung des Umsatzes notwendig sind) des Jahres gegenübergestellt. Aktivierte Eigenleistungen (selbst erstellte Anlagen) und Bestandsveränderungen (+ Erhöhung, – Verminderung) werden nicht angesetzt, da auch die dafür angefallenen Aufwendungen nicht berücksichtigt werden.

Umsatz
– Umsatzkosten
= **Jahresergebnis**

Bilanzierung

Gliederung der Gewinn- und Verlustrechnung nach dem Umsatzkostenverfahren

Umsatz (abgesetzte Leistung) – Kosten der abgesetzten Leistung

Betriebsergebnis (operatives Ergebnis)	1. Umsatzerlöse
	2. Herstellungkosten der zur Erzielung der Umsatzerlöse erbrachten Leistungen
	3. Bruttoergebnis vom Umsatz (1. – 2.)
	4. Vertriebskosten
	5. allgemeine Verwaltungskosten
	6. sonstige betriebliche Erträge
	7. sonstige betriebliche Aufwendungen
Finanzergebnis	8. Erträge aus Beteiligungen, davon aus verbundenen Unternehmen
	9. Erträge aus Verlustübernahme
	10. aufgrund einer Gewinngemeinschaft eines Gewinnabführungs- oder eines Teilgewinnabführungsvertrags erhaltene Gewinne
	11. Erträge aus anderen Wertpapieren und Ausleihungen des Finanzanlagevermögens, davon aus verbundenen Unternehmen
	12. sonstige Zinsen und ähnliche Erträge, davon aus verbundenen Unternehmen
	13. Abschreibungen auf Finanzanlagen und auf Wertpapiere des Umlaufvermögens
	14. Aufwendungen aus Verlustübernahme
	15. aufgrund einer Gewinngemeinschaft eines Gewinnabführungs- oder eines Teilgewinnabführungsvertrags abgeführte Gewinne
	16. Zinsen und ähnliche Aufwendungen, davon an verbundene Unternehmen
	17. Ergebnis der gewöhnlichen Geschäftstätigkeit (Betriebsergebnis + Finanzergebnis)
	18. außerordentliche Erträge
	19. außerordentliche Aufwendungen
	20. außerordentliches Ergebnis (18. – 19.)
	21. Steuern vom Einkommen vom Ertrag
	22. sonstige Steuern
	23. Jahresüberschuss/Jahresfehlbetrag (17. + 20. – 21. – 22.)

5.2 Ermittlung des Jahresergebnisses mit dem Betriebsvermögensvergleich

LZ 5.1

Betriebsvermögen

Der Betriebsvermögensvergleich ist nach § 4 (1) EStG die **steuerrechtlich vorgeschriebene Methode** zur Ermittlung des Unternehmensergebnisses (Gewinn oder Verlust). **Betriebsvermögen** wird hier definiert als **Unterschiedsbetrag zwischen Gesamtvermögen und Schulden.** Dies entspricht dem handelsrechtlichen Eigenkapital. Wertunterschiede zwischen handelbilanziellem Eigenkapital und steuerbilanziellem Betriebvermögen ergeben sich durch unterschiedliche Ansatz- und Bewertungsmethoden in Handels- und Steuerbilanz.

	Gesamtvermögen
–	Schulden
=	**Betriebsvermögen**

Das Unternehmensergebnis eines Geschäftsjahres ist der Unterschiedsbetrag zwischen dem Betriebsvermögen am **Ende des Wirtschaftsjahres** und dem Betriebsvermögen am **Ende des vorangegangenen Wirtschaftsjahres** vermehrt um die Entnahmen, vermindert um die Einlagen. Das Ergebnis der handelsrechtlichen Gewinn- und Verlustrechnung muss gegebenenfalls korrigiert werden.

Entnahmen

Einlagen

Entnahmen sind alle Wirtschaftsgüter (Erzeugnisse, Waren, Leistungen, Barmittel), die der steuerpflichtige Unternehmer für private Zwecke entnommen hat. Sie stellen somit eine **Minderung** des steuerpflichtigen Betriebsvermögens dar. **Einlagen** sind alle Wirtschaftsgüter (Bareinzahlungen und Sachgüter), die der Steuerpflichtige dem Unternehmen aus seiner Privatsphäre zugeführt hat. Sie stellen somit eine **Mehrung** des steuerpflichtigen Betriebsvermögens dar.

Bei Kapitalgesellschaften entsprechen die Begriffe Kapitalherabsetzung und Kapitalerhöhung den Entnahmen und Einlagen.

	Betriebsvermögen Ende des Wirtschaftsjahres
–	Betriebsvermögen Anfang des Wirtschaftsjahres
+	Entnahmen des Geschäftsjahres
–	Einlagen des Geschäftsjahres
=	Jahresergebnis

5.3 Verwendung des Jahresergebnisses

LZ 14.4

Bilanz und Gewinn- und Verlustrechnung bilden zusammen den Jahresabschluss. Kapitalgesellschaften müssen zusätzlich einen Anhang und einen Lagebericht erstellen. Die in der GuV-Rechnung ermittelte Differenz zwischen Erträgen und Aufwendungen des Geschäftsjahres ergibt entweder einen Jahresüberschuss (positives Jahresergebnis) oder einen Jahresfehlbetrag (negatives Jahresergebnis).

Jahresüberschuss

Jahresfehlbetrag

Der Jahresüberschuss zeigt den verteilungsfähigen Gewinn eines Geschäftsjahres, das, was nach Abzug auch der Steuern „übrig geblieben" ist. Er gehört den Eigentümern und erhöht das Eigenkapital eines Unternehmens. Ist der Jahresüberschuss negativ, spricht man von einem Jahresfehlbetrag. Dieser Verlust mindert das Eigenkapital, was wiederum die Eigentümer zu tragen haben.

Da der Jahresüberschuss den Eigentümern gehört, können sie darüber entscheiden, ob und in welcher Höhe sie diesen dem Unternehmen belassen oder ausgeschüttet haben wollen. Unternehmen verschiedener Rechtsformen haben dafür unterschiedliche Regelungen.

Bei Einzelunternehmen stellt der Gewinn den Unternehmerlohn und damit das Einkommen des Unternehmers dar, das er in voller Höhe versteuern muss, auch wenn Teile davon im Unternehmen bleiben. Der Jahresüberschuss ist der bereits versteuerte und somit verteilungsfähige Gewinn. Nicht entnommene Gewinne erhöhen unmittelbar das Eigenkapital des Unternehmens. Bei Personengesellschaften wird der Gewinn entsprechend der Anteile der Gesellschafter verteilt. Für Kapitalgesellschaften wie z. B. Aktiengesellschaften gelten besondere Regelungen.

Die Gewinnrücklagen verbleiben als Eigenkapital im Unternehmen. Der Bilanzgewinn wird ausgeschüttet an die Eigentümer. Bei Aktiengesellschaften ist dies die Dividende.

Ablauf der Verwendung des Jahresüberschusses einer Aktiengesellschaft

Jahresüberschuss
– Verlustvortrag
– gesetzliche Rücklage
– Gewinnrücklage
= Bilanzgewinn

1. Gesetzliche Rücklage (§ 150 AktG)
In diese ist der zwanzigste Teil des um einen Verlustvortrag aus dem Vorjahr geminderten Jahresüberschusses einzustellen, bis die gesetzliche Rücklage und die Kapitalrücklagen zusammen den zehnten oder den in der Satzung bestimmten höheren Teil des Grundkapitals erreichen.

2. Gewinnrücklagen (§ 58 [1] und [2] AktG)
Stellen Vorstand und Aufsichtsrat den Jahresabschluss fest, so können sie einen Teil des Jahresüberschusses, höchstens jedoch die Hälfte, in andere Gewinnrücklagen einstellen. Die Satzung kann Vorstand und Aufsichtsrat zur Einstellung eines größeren Teils oder kleineren Teils, bei börsennotierten Gesellschaften nur eines größeren Teils des Jahresüberschusses ermächtigen.

3. Zuführung zu Rücklagen aus Bilanzgewinn (§ 58 [3] AktG)
Die Hauptversammlung beschließt über die Verwendung des Bilanzgewinns. Eine Zuführung zu den Rücklagen aus dem Bilanzgewinn wäre zusätzlich möglich.

5.4 Anhang

Als neben den anderen Teilen (Bilanz, Gewinn- und Verlustrechnung) gleichwertiger Bestandteil des Jahresabschlusses von **Kapitalgesellschaften** erfüllt der Anhang (§§ 284 - 288 HGB) eine zweigeteilte Aufgabe:

1. Sicherstellung der Vermittlung eines den tatsächlichen Verhältnissen entsprechenden Bildes der **Vermögenslage, Finanzlage** und **Ertragslage** durch den Jahresabschluss in seiner Gesamtheit.
2. Sicherstellung der **Vergleichbarkeit** der offen zu legenden Jahresabschlüsse.

Diese **beiden Zentralfunktionen** lassen sich in folgende **Teilfunktionen** auflösen:

- Abschlusserläuterungsfunktion,
- Aktualisierungsfunktion,
- Aufschlüsselungsfunktion,
- Ursachenanalysefunktion,
- Vergleichbarkeitsfunktion,
- Ergänzungsfunktion.

Bei der **Gliederung** des **Anhangs** sind die Unternehmen frei. Sie soll aber diesen Teilfunktionen Rechnung tragen und beispielsweise folgendes Aussehen haben:

Gliederung des Anhangs

A. Angaben und Erläuterungen bei Ausweiswahlmöglichkeiten in Bilanz, Gewinn- und Verlustrechnung oder Anhang

B. Angaben und Erläuterungen zu Posten der Bilanz und der Gewinn- und Verlustrechnung

C. Angaben und Erläuterungen zu Bilanzierungs- und Bewertungsmethoden:

I. Allgemeine Angaben und Erläuterungen zu Bilanzierungs- und Bewertungsmethoden
II. Angaben und Erläuterungen zur Bewertung

D. Sonstige Angaben und Erläuterungen zu:

I. Gliederung des Jahresabschlusses
II. Vorjahresbeträgen
III. aus der Bilanz nicht ersichtlichen finanziellen Verpflichtungen
IV. Unternehmensverbindungen
V. Gesellschaftsorganen
VI. Arbeitnehmern

5.5 Lagebericht

Für den in § 289 HGB geregelten Lagebericht – nur Kapitalgesellschaften – bestehen keine gesetzlichen Gliederungs- und Formvorschriften.

Hier werden die Leser über die allgemeine **Geschäfts- und Unternehmungslage** in naturgemäß grober Gesamtbeurteilung informiert und auch Ausblicke auf die tendenzielle **zukünftige Entwicklung** gegeben.

Allgemeine Angaben, die aus dem Jahresabschluss selbst nicht zu ersehen sind, können die Durchführung wesentlicher **Erweiterungsinvestitionen**, Änderungen im **Produktionsprogramm und -verfahren**, den **Erwerb wesentlicher Beteiligungen**, den **Abschluss wichtiger Verträge** oder die Entwicklung des **Auftragseingangs** betreffen.

Gleiches gilt auch für die **Berichterstattung** über alle **wichtigen Vorgänge**, die **nach Ablauf des Geschäftsjahres** eingetreten sind und die zu einer anderen Beurteilung der Gesamtlage führen können, als sie sich aus den Tatbeständen des abgelaufenen Geschäftsjahres ergibt. Dazu zählen u. a. starke **Preiseinbrüche** auf Absatz- und Beschaffungsmärkten oder die Begründung von **Konzernverflechtungen.**

Im so genannten **Sozialbericht** werden Informationen über die vom Unternehmen getragenen Leistungen für die Belegschaft gegeben und Schwerpunkte der Personal- und Sozialarbeit erläutert.

6 Fallstudie zu Bilanzierung

Stellen Sie den Jahresabschluss (Gewinn- und Verlustrechnung in Staffelform und Bilanz) für das Geschäftsjahr zum 31. Dezember auf. Berücksichtigen Sie dabei die Bilanzgliederung in Anlage- und Umlaufvermögen sowie in Eigen- und Fremdkapital.

Welche ersten Rückschlüsse kann der Bilanzleser aus dieser Bilanz und der GuV-Rechnung ziehen?

Folgendes Zahlenmaterial steht Ihnen zur Verfügung:

Umsatzerlöse:

Das Unternehmen verkaufte zwei Produkte (A und B).

Die Verkaufspreise betrugen für A:	90,00 €/Stück
für B:	270,00 €/Stück
Die Absatzmengen betrugen für A:	108 000 Stück
für B:	120 000 Stück

Gebäude:	7.800.000 €
Materialaufwand	11.530.000 €
Personalaufwand	10.870.000 €
Lieferverbindlichkeiten	3.500.000 €
Vorräte	2.147.000 €
Maschinen	11.840.000 €
Abschreibungen	6.360.000 €
Kassenbestand	7.203.000 €
außerordentliche Aufwendungen	1.200.000 €
Eigenkapital lt. letzter Bilanz	15.000.000 €
Lieferforderungen	3.510.000 €
langfristiges Darlehen	8.000.000 €
Zinserträge	2.380.000 €
Zinsaufwand	1.320.000 €
außerordentliche Erträge	2.500.000 €
sonstige Aufwendungen	6.300.000 €
Steuern	3.420.000 €

Jahresabschluss zum 31. Dezember

Gewinn- und Verlustrechnung (Staffelform)

Umsatzerlöse	42.120.000 €
(Produkt A: 90 3/Stück · 108.000 Stück = 9.720.000 €)	
(Produkt B: 270 3/Stück · 120.000 Stück = 32.400.000 €)	
– Materialaufwand	– 11.530.000 €
– Personalaufwand	– 10.870.000 €
– Abschreibungen	– 6.360.000 €
– sonstige Aufwendungen	– 6.300.000 €
= Betriebsergebnis (operatives Ergebnis)	**7.060.000 €**
Zinserträge	2.380.000 €
– Zinsaufwand	– 1.320.000 €
= Finanzergebnis	**1.060.000 €**
Ergebnis der gewöhnlichen Geschäftstätigkeit (Betriebsergebnis + Finanzergebnis)	**8.120.000 €**
außerordentliche Erträge	2.500.000 €
– außerordentliche Aufwendungen	– 1.200.000 €
= außerordentliches Ergebnis	**1.300.000 €**

Gesamtergebnis (Gewinn vor Steuern)	**9.420.000 €**
(Ergebnis der gewöhnlichen Geschäftstätigkeit + außerordentliches Ergebnis)	
– Steuern	– 3.420.000 €
= Jahresüberschuss (= Gewinn nach Steuern)	**6.000.000 €**
(Ergebnis der gewöhnlichen Geschäftstätigkeit + außerordentliches Ergebnis – Steuern)	

Aktiva	**Bilanz**		**Passiva**
Anlagevermögen		*Eigenkapital*	21.000.000
Gebäude	7.800.000		
Maschinen	11.840.000		
Umlaufvermögen		*Fremdkapital*	
Vorräte	2.147.000	Langfristige Darlehen	8.000.000
Lieferforderungen	3.510,000	Lieferverbindlichkeiten	3.500.000
Kassenbestand	7.203.000		
Bilanzsumme	32.500.000	Bilanzsumme	32.500.000

In die Bilanz ist das Eigenkapital in Höhe von 21.000.000 € aufzunehmen, da der Gewinn, der in der GuV ermittelt wurde, das Eigenkapital um genau diesen Betrag erhöht, also: 15.000.000 € (aus letzter Bilanz) + 6.000.000 € (Jahresüberschuss aus GuV) = 21.000.000 €.

Rückschlüsse aus der GuV:

Die in der GuV ermittelten Teilergebnisse sind alle positiv.

Insbesondere das operative Ergebnis (Betriebsergebnis) ist positiv. Dies bedeutet, dass das Kerngeschäft des Unternehmens erfolgreich war.

Das positive Finanzergebnis weist darauf hin, dass das Unternehmen solide finanziert ist. Das positive Ergebnis der gewöhnlichen Geschäftstätigkeit (EGT) lässt günstige Zukunftserwartungen im Hinblick auf den Unternehmenserfolg zu.

Das außerordentliche Ergebnis steigert den Gewinn um 13,8 %. Da solche Ergebnisse einmalig sind, wird das Unternehmen diesen Anteil am Gewinn nicht in jedem Jahr erzielen können.

Um den gleichen Gewinn im nächsten Jahr zu erreichen, muss somit die Leistung im Kerngeschäft (Betriebsergebnis) und/oder das Finanzergebnis verbessert werden.

Rückschlüsse aus der Bilanz, z. B.:

Um eine einfache Bilanzanalyse vornehmen zu können, sind Kennzahlen unverzichtbar. Nach der Erarbeitung des Themenbereichs „Kennzahlen" können aus der Bilanz folgende Schlüsse gezogen werden:

- Der Verschuldungsgrad des Unternehmens beträgt 29,5 %, dies entspricht noch einer soliden Finanzierung und stellt eine ausreichende Haftungssubstanz dar.

- Der Kassenbestand mit etwa 22 % der Bilanzsumme entspricht der Liquidität 1. Grades von 450 %. Da die Lieferverbindlichkeiten geringer sind als der Kassenbestand, ist davon auszugehen, dass die Verbindlichkeiten fristgerecht beglichen werden können. Eine Liquidität 1. Grades in Höhe von 20 % wird im Allgemeinen als ausreichend betrachtet. Die Höhe des Kassenbestandes abzüglich der kurzfristigen Lieferverbindlichkeiten erlaubt es, kleinere Investitionen zu tätigen, ohne das Eigenkapital oder Fremdkapital erhöhen zu müssen.
- Die Höhe der Vorräte könnte darauf hindeuten, dass das Unternehmen im abgelaufenen Geschäftsjahr wenig Absatzschwierigkeiten hatte. Die Forderungen weisen darauf hin, dass möglicherweise die Zahlungsmoral der Kunden als schlecht betrachtet werden kann, oder das Unternehmen hat kurz vor Bilanzerstellung viele Aufträge ausgeführt, sodass das Zahlungsziel der Rechnungen erst im kommenden Jahr liegt.

Durch den Jahresüberschuss in Höhe von 6.000.000,00 € beträgt die Verzinsung des eingesetzten Eigenkapitals (Eigenkapitalrentabilität) 28,57 %. Diese Rentabilität lässt sich kaum auf dem Kapitalmarkt durch Geldanlagen erzielen, insofern ist das Eigenkapital im Unternehmen sehr gut angelegt.

Themenbereich Kennzahlen-Analyse

LZ Allgemein

Mit der Ermittlung betrieblicher Kennzahlen wird versucht betriebliches Handeln erklärbar zu machen. Damit werden **drei Aspekte** sichtbar:

betriebliche Ziele

- Kennzahlen können Aussagen ermöglichen, welche **betrieblichen Ziele** verfolgt werden und in welchem Ausmaß diese Ziele erreicht wurden. Als Ziele kommen beispielsweise in Betracht:
  - Erzielung eines bestimmten (wertmäßigen) Umsatzes,
  - Erzielung eines bestimmten (mengenmäßigen) Absatzes,
  - Erzielung einer Mindestrentabilität,
  - Verbesserung der Produktivität.

  Ziele, die nicht unmittelbar mit der Gewinnerzielungsabsicht zusammenhängen, also nicht mit Kennzahlen erläutert werden können, sind:
  - Verbesserung der Umweltverträglichkeit der Produkte und der Produktionsverfahren,
  - Verbesserung des Betriebklimas durch Erweiterung der Mitbestimmung, durch Einführung neuer Entlohnungsformen, durch menschengerechte Gestaltung der Arbeitsplätze,
  - Deckung der entstandenen Kosten (z. B. im gemeinnützigen Wohnungsbau).

Steuerungsinstrument

- Kennzahlen dienen als **Steuerungsinstrument** für das Unternehmen. Beispielsweise können im Profit Center Kostendeckungsziele (Erzielung eines bestimmten Beitrags zur Deckung der gesamten Fixkosten des Unternehmens) und Gewinnziele vorgegeben werden.

Bilanzanalyse

- Kennzahlen bieten für Außenstehende (die Öffentlichkeit, Aktionäre, Kreditgeber), für die Unternehmensleitung und für die Arbeitnehmer die Möglichkeit der **Bilanzanalyse.** Damit sind auch Aussagen über das betriebliche Verhalten der Leitung und über das Erreichen von vorgegebenen Zielen möglich.

1 Rentabilität

1.1 Gewinn als Unternehmensziel

LZ 1.1 Gewinnmaximierung

Die meisten **Unternehmen** in einer marktwirtschaftlichen Wirtschaftsordnung versuchen möglichst viel („maximal“) Gewinn zu erwirtschaften. Da für die Formulierung des Gewinnziels der „maximale“ Gewinn ein viel zu unklarer Begriff ist, legen die Unternehmer je nach ihrem subjektiven Anspruch den Gewinn fest, mit dem sie sich zufrieden geben würden.

Der Maßstab für den zufrieden stellenden Gewinn ist das eingesetzte Eigenkapital.

Betriebswirtschaftlich ist Gewinn nicht das eigentliche Unternehmensziel. Die Erzielung eines Gewinns ist das hinter der Unternehmenstätigkeit liegende Ziel, da sich die Unternehmenstätigkeit und das damit verbundene wirtschaftliche Risiko für den Unternehmer bzw. die Eigentümer „lohnen“ soll. Der Gewinn stellt den Lohn des Unternehmers als Entgelt für seine Arbeitsleistung dar.

Die Eigentümer erwarten aus der Gewinnverteilung eine angemessene Rendite ihres eingesetzten Kapitals.

Der Gewinn als Unternehmensziel ist als Steuerungsinstrument viel zu vage. Ein Ertrag von 10.000,00 € bei einem Eigenkapitaleinsatz von 5.000,00 € ist sehr viel, der gleich hohe Gewinn bei einem Einsatz von 1 Mio. € wäre sehr wenig. Insofern ist die Rentabilität von Bedeutung.

1.2 Rentabilität des Eigenkapitals

LZ 1.2

Rentabilität

Unter Rentabilität versteht man das Verhältnis zwischen erzieltem Gewinn und eingesetztem Kapital

Die Rentabilität des Eigenkapitals ist als Kennziffer für den oder die Unternehmer maßgebend, zeigt sie doch an, ob sich das investierte Eigenkapital wunschgemäß verzinst hat. In die Rentabilitätsformel ist als Gewinn der Jahresüberschuss **vor** Steuern einzusetzen – allerdings vermindert um den Unternehmerlohn. Dieser steht dem Unternehmer als Entgelt für seine Arbeitsleistung zu.

LZ 1.3

Beziehen wir den Gewinn auf das eingesetzte Eigenkapital, dann erhalten wir die **Rentabilität des Eigenkapitals.**

Eigenkapitalrentabilität

$$\text{Rentabilität des Eigenkapitals in \%} = \frac{\text{Gewinn}}{\text{eingesetztes Eigenkapital}} \cdot 100$$

LZ 1.4

Als Untergrenze für die Rentabilität ist dabei der Bankzinssatz für langfristige Gelder anzusehen. Erzielt ein Unternehmen bei einem Kapitaleinsatz von 150 Mio. € einen Reingewinn von 4,5 Mio. €, so entspricht dieser einer Kapitalverzinsung von 3 %. Werden auf dem Kapitalmarkt mehr als diese 3 % als Verzinsung für langfristig angelegtes Kapital angeboten, so ist diese Rentabilität eindeutig zu niedrig. Der Unternehmer könnte sein Kapital ertragreicher als im eigenen Unternehmen investieren. Außerdem verschlechtern sich bei solch niedriger Rentabilität die Möglichkeiten der Fremdfinanzierung. Die Rentabilität bzw. der Gewinn ist eine wichtige Größe für die betriebliche Planung. Die Festlegung der Rentabilität erfolgt heute vielfach unter dem Aspekt der Gewinnausschüttung. Je höher diese ist, desto besser ist der Zugang zum Kapitalmarkt („Shareholder-Value“).

Gesamtkapitalrentabilität

Die Kennziffer Rentabilität des Eigenkapitals wird in der Praxis abgewandelt zur Kennziffer des Gesamtkapitals. Vom Standpunkt des Unternehmers scheint es oft gleichgültig zu sein, ob ein Ertrag mit Eigen- oder mit Fremdkapital erwirtschaftet wird. Der Unternehmer muss nur wissen, dass auch Fremdkapitalzinsen in einem ausreichenden Maße erwirtschaftet werden müssen.

Die Rentabilität des Gesamtkapitals bezieht das Jahresergebnis vor Steuer und die Fremdkapitalzinsen auf das investierte Gesamtkapital:

$$\text{Rentabilität des Gesamtkapitals in \%} = \frac{\text{Gewinn + Fremdkapitalzinsen}}{\text{Gesamtkapital}} \cdot 100$$

Bei der Beurteilung der Eigenkapitalrentabilität sind auch folgende Überlegungen anzustellen:

- Der Gewinn eines Unternehmens wurde mithilfe des Eigen- und des Fremdkapitals erwirtschaftet.
- Solange Investitionen, die mit Fremdkapital finanziert werden, höhere Erträge erwirtschaften, als sie Zinsaufwendungen verursachen, erhöhen sie auch die Rentabiliät des Eigenkapitals.
- Man kann auch sagen: Der über den Zinsaufwand hinausgehende Ertrag des Fremdkapitals wächst dem Eigenkapital zu („Hebelwirkung des Fremdkapitals").
- Die Eigenkapitalrentabilität kann so lange gesteigert werden, wie der Zinssatz für Fremdkapital unter der Rentabilität des Gesamtkapitals liegt.
- Natürlich ist auf folgende Gefahr hinzuweisen: Bei sinkenden Erträgen, steigenden Fremdkapitalzinsen oder gar bei Verlusten kann die feste Zinsbelastung für das Fremdkapital schnell zu einer Bedrohung des gesamten Unternehmens werden.

BEISPIEL: Hebelwirkung des Fremdkapitals:

Die Complex-GmbH verfügt über ein Eigenkapital von 500.000,00 € und erwirtschaftete in der abgelaufenen Periode einen Gewinn von 30.000,00 €. Dies entspricht einer Eigenkapitalrentabiliät von 6 %. Die Unternehmensleitung nimmt in dieser Situation einen langfristigen Bankkredit in Höhe von 1 Mio. € zu einem Zinssatz von 8 % auf. Es werden nun jährlich 80.000,00 € Zinszahlungen fällig. Mit der neuen Kapitalausstattung steigt der Rohgewinn (vor Ausschüttung der Zinsen) auf 120.000,00 € an. Nach Abzug der Fremdkapitalzinsen bleiben noch Erträge in Höhe von 40.000,00 €. Dies entspricht einer Eigenkapitalrentabilität von 8 %. Bei gleicher Eigenkapitalausstattung ist die Verzinsung des Eigenkapitals gestiegen.

1.3 Umsatzrentabilität

LZ 6.1 Diese Kennzahl gibt dem Unternehmen an, wie viel Prozent der Umsatzerlöse als Gewinn für Investitionen und Gewinnausschüttung zugeflossen sind, d. h., wie viel Euro je 100,00 € Umsatzerlöse verdient wurden.

LZ 6.2 Bezieht man den Gewinn nicht auf das Kapital, sondern auf den Umsatz, so erhält man die **Umsatzrentabilität:**

Grundformel

$$\text{Umsatzrentabilität in \%} = \frac{\text{Gewinn}}{\text{Umsatz}} \cdot 100$$

BEISPIEL: Ein Unternehmen erzielte im Vorjahr Umsatzerlöse in Höhe von 5.500.000 €, der Gewinn betrug 130.000,00 €.

Daraus ergibt sich folgende Umsatzrentabilität:

$$\frac{130.000\ €}{5.500.000\ €} \cdot 100 = 2{,}4\ \%\ \text{(gerundet)}$$

Im folgenden Jahr erzielte das Unternehmen Umsatzerlöse in Höhe von 8.200.000 €, der Gewinn betrug 260.000,00 €.

Daraus ergibt sich folgende Umsatzrentabilität:

$$\frac{260.000\ €}{8.200.000\ €} \cdot 100 = 3{,}2\ \%\ \text{(gerundet)}$$

Kennzahlen-Analyse

Im Vergleich zum Vorjahr wurden 3,20 € gegenüber 2,40 € im Vorjahr je 100,00 € Umsatz verdient. Dies zeigt eine deutliche Steigerung der Ertragskraft des Unternehmens.

LZ 6.3 Die Höhe der Umsatzrenditen der Praxis wird in der Öffentlichkeit in der Regel überschätzt. Sie beträgt bei deutschen Unternehmen im Durchschnitt etwa 2 %.

In der Praxis bezieht man Fremdkapitalzinsen mit ein. Die Verwendung dieser erweiterten Formel der Umsatzrentabilität hat den Vorteil, dass der Zinsdienst, d. h. die Überweisung der jährlich fälligen Zinszahlungen, aus der Umsatzrentabilität erfolgen kann.

erweiterte Formel

$$\text{Umsatzrentabilität in \%} = \frac{(\text{Gewinn} + \text{Fremdkapitalzinsen}) \cdot 100}{\text{Umsatz}}$$

BEISPIEL: Die Robert Müller GmbH erzielte in der abgelaufenen Periode einen Umsatz von 25.000.000 €. Der Gewinn betrug 375.000 €. Für das Fremdkapital (in Höhe von 1,2 Millionen € zu je 6,25 %) wurden 75.000 € Zinsaufwendungen ausgeschüttet. Die Umsatzrentabilität beträgt 1,8 % (450.000 · 100 : 25.000.000).

1.4 Rentabilitätsrechnung (Return on Investment, ROI)

LZ 1.5 Mit dem Instrument „Return on Investment“ soll sichbar werden,

- wie lange es dauert, bis die durch eine Investition gebundenen Mittel wieder durch die Erträge (Umsatz) vereinnahmt sind und
- welche Einflussgrößen den Prozess des Kapitalrückflusses bestimmen.

Der Return on Investment gibt das Verhältnis des Kapitals und des Gewinns zum Umsatz an.

LZ 1.6

$$\text{ROI} = \text{Kapitalumschlagshäufigkeit} \cdot \text{Umsatzrentabilität}$$

$$\text{Kapitalumschlagshäufigkeit} = \frac{\text{Umsatz}}{\text{Gesamtkapital}}$$

$$\text{Umsatzrentabilität} = \frac{\text{Gewinn}}{\text{Umsatz}}$$

$$\text{ROI} = \frac{\text{Umsatz}}{\text{Gesamtkapital}} \cdot \frac{\text{Gewinn}}{\text{Umsatz}}$$

Die daraus abgeleitete **Grundformel** des ROI entspricht der Formel für die Gesamtrentabilität:

Grundformel

$$\text{Return on Investment in \%} = \frac{\text{Gewinn}}{\text{Gesamtkapital}} \cdot 100$$

Betrachtet man die Umsatzrentabilität unter Einbeziehung der Fremdkapitalzinsen, so ergibt sich die **erweiterte Formel** des ROI:

$$\text{Umsatzrentabilität} = \frac{\text{Gewinn} + \text{Fremdkapitalzinsen}}{\text{Umsatz}}$$

$$\text{ROI} = \frac{\text{Umsatz}}{\text{Gesamtkapital}} \cdot \frac{\text{Gewinn + Fremdkapitalzinsen}}{\text{Umsatz}}$$

LZ 1.7 Die Formel des ROI zeigt also an,

- wie oft das eingesetzte Gesamtkapital in einer Periode über den Umsatz in das Unternehmen zurückgeflossen ist **(Kapitalumschlag)**,
- wie hoch der Anteil des erzielten Gewinns am Umsatz ist **(Umsatzrentabilität)**,
- wie unabhängig ein Unternehmen ist: Je höher der ROI ist, desto unabhängiger ist das betreffende Unternehmen vom Kapitalmarkt (Banken und andere Kapitalgeber).

Oder einfach ausgedrückt: Je höher der ROI, desto besser hat das Unternehmen mit dem eingesetzten Kapital gewirtschaftet.

BEISPIEL: Ein Unternehmen erwirtschaftete einen Gewinn in Höhe von 50.000 €, das Gesamtkapital beläuft sich auf 200.000 €, der Umsatz betrug 500.000 €,

$$\frac{50.000 \cdot 100}{200.000} = 25\ \%$$

Hieraus lassen sich folgende Aussagen ableiten:

- Die Gesamtkapitalrentabilität beträgt 25 %. Die unterteilte Formel zeigt besser, wie diese Rentabilität zustande gekommen ist.

$$\frac{500.000}{200.000} \cdot \frac{50.000}{500.000} \cdot 100 = 2{,}5 \cdot 0{,}1 \cdot 100 = 25\ \%$$

- Das Gesamtkapital hat sich durch den Umsatz 2,5-mal umgeschlagen. Die Umsatzrentabilität beträgt 0,1 bzw. 10 %, d. h., im Umsatz betragen die Gewinnanteile pro 100,00 € Umsatz 10,00 €.

Eine niedrige Umsatzrentabilität kann ausgeglichen werden, wenn ein hoher Kapitalumschlag erzielt wird. Wir erkennen in dieser Formel die Geschäftsprinzipien von Billigpreisanbietern (z. B. Discountbetreibern). Diese verfahren nach dem Prinzip: „Kleiner Nutzen, hoher Umsatz!" Umgekehrt brauchen Betriebe, die eine Hochpreispolitik betreiben (z. B. Spezialgeschäfte), wegen des niedrigen Kapitalumschlages auch höhere Gewinnspannen.

BEISPIEL: Ein ROI von 24 lässt sich durch einen Kapitalumschlag von 12 und einer Umsatzrendite von 2 (%) ebenso erzielen wie bei einem Kapitalumschlag von 4 und einer Umsatzrendite von 6 (%).

BEISPIEL: Nehmen wir an, die Robert Müller GmbH aus dem Beispiel (S. 52) verfügt über ein Eigenkapital in Höhe von 2.400.000 €, so ergibt sich eine Rentabilität des Gesamtkapitals in Höhe von 12,5 % oder ein ROI von 0,125:

$$\text{Rentabilität des Gesamtkapitals} = \frac{375.000 + 75.000}{3.600.000} \cdot 100 = 12{,}5\ \%$$

$$\text{ROI} = \frac{450.000}{3.600.000} = 0{,}125$$

Aussage des ROI von 0,125:

Das Gesamtkapital von 3.600.000 € hat sich in dieser Periode durch die Gewinnerzielung 0,125-mal umgeschlagen. Bis sich das Gesamtkapital durch den Gewinn einmal umschlägt, dauert es acht Perioden (1 : 0,125).

Kennzahlen-Analyse

Setzen wir die Zahlen in die mit dem Umsatz erweiterte Formel ein, so zeigt sich folgendes Bild:

$$\text{ROI} = \frac{25.000.000}{3.600.000} \cdot \frac{(375.000 + 75.000)}{25.000.000}$$

$$= 6{,}944 \cdot 0{,}018 = 0{,}125$$

Aussagen:
- Das Gesamtkapital hat sich durch den Umsatz 6,944-mal umgeschlagen.
- Im Umsatz betragen die Gewinnanteile pro 100,00 € Umsatz 1,8 % (= 0,018 · 100).

Kennzahlen-Analyse

2 Kapitalstrukturanalyse

Die Kapitalstrukturanalyse erteilt Auskunft über die Finanzierung des Unternehmens. Sie zeigt die Kapitalart und die Zeitdauer, für die das Kapital dem Betrieb zur Verfügung steht.

Für die Unternehmung ist sie von zweifacher Bedeutung:
- Sie gibt Auskunft über die Kreditwürdigkeit.
- Sie ermöglicht die Abschätzung von Finanzierungsrisiken.

2.1 Eigenkapitalquote

LZ 3.1 **Die Eigenkapitalquote gibt den Anteil des Eigenkapitals am Gesamtkapital wieder.**

LZ 3.2

$$\text{Eigenkapitalquote} = \frac{\text{Eigenkapital}}{\text{Gesamtkapital}} \cdot 100$$

LZ 3.5 Die Eigenkapitalquote ist für das Unternehmen aus mehreren Gründen von zentraler Bedeutung:

Bedeutung

- Sie gibt eine Auskunft darüber, wie groß die **Haftungssubstanz** des Unternehmens ist. Je größer der Anteil des Eigenkapitals an der Bilanzsumme ist, desto größer ist die Haftungsbasis gegenüber Fremdkapitalgebern. Gleichzeitig nimmt mit wachsender Eigenkapitalquote die Gefahr einer Insolvenz wegen einer Überschuldung ab.
- Ein hoher Eigenkapitalanteil hat für den Kapitalmarkt eine **akquisitorische Wirkung.** Mit einer hohen Eigenkapitalquote wird die Beschaffung von Fremdkapital wesentlich erleichtert. Eine zu geringe Eigenkapitalausstattung ist eine häufige Insolvenzursache.
- Da das Eigenkapital dem Unternehmen auf Dauer zur Verfügung steht, gewährt es eine gewisse **Unabhängigkeit** von Kreditgebern.
- Mit der Finanzierung mit Eigenkapital entsteht für das Unternehmen **keine Pflicht zu festen Zins- und Tilgungszahlungen.**

2.2 Fremdkapitalquote (Verschuldungsgrad)

LZ 3.3 **Die Fremdkapitalquote gibt den Anteil des Fremdkapitals am Gesamtkapital wieder.**

Sie zeigt das Ausmaß der Verschuldung des Unternehmens. Deshalb bezeichnet man sie auch als den **Verschuldungsgrad.** In einer hohen Verschuldung liegt häufig die Ursache für **Insolvenzverfahren.** Die Finanzierung mit Fremdkapital hat **feste Zins- und Tilgungsverfahren** zur Folge. Sie belastet also besonders die Liquidität des Unternehmens.

LZ 3.4

$$\text{Fremdkapitalquote (Verschuldungsgrad)} = \frac{\text{Fremdkapital} \cdot 100}{\text{Gesamtkapital}}$$

Vorteilhaft bei der Fremdfinanzierung ist es, dass Fremdkapitalzinsen bei der Berechnung der Steuerbelastung – im Gegensatz zu Gewinnausschüttungen oder einbehaltenen Gewinnen – **abzugsfähig** sind.

Banken berechnen vor einer Kreditvergabe u. a. folgende Kennziffern:

Verschuldungskoeffizient	=	Fremdkapital : Eigenkapital
Grad der finanziellen Unabängigkeit	=	Eigenkapital : Gesamtkapital

Ist der Verschuldungskoeffizient zu hoch (größer als 2) und der Grad der finanziellen Unabhängigkeit zu gering (kleiner als 0,5), dann kann es Probleme bei der Kreditvergabe an das Unternehmen geben. Aus diesem Grund sollten Unternehmen eine ausreichende Eigenkapitaldecke haben.

3 Liquidität

LZ 2.1 **Das Unternehmen muss seine Zahlungsverpflichtungen zu jedem Zeitpunkt erfüllen. Dies bezeichnet man als Zahlungsfähigkeit oder Liquidität.**

Sie sind von folgenden **Faktoren** bestimmt:

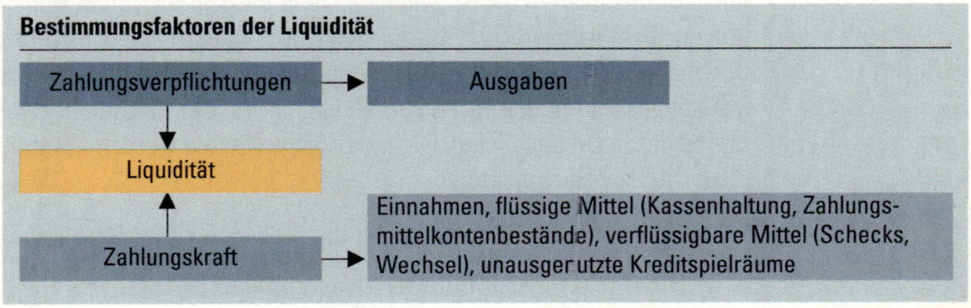

$$\text{Liquidität} = \frac{\text{Zahlungsmittel} + \text{geldnahe Vermögensteile}}{\text{kurzfristige Verbindlichkeiten}}$$

LZ 2.2
liquide Mittel

Die **liquiden Mittel** erscheinen in der Bilanz als Aktiva. Neben den Barmitteln (flüssige Mittel, Zahlungsmittel) zählt auch das weitere Umsatzvermögen zu den liquiden Mitteln. Diese können z. B. durch Verkauf in Zahlungsmittel umgewandelt werden. Die liquiden Mittel lassen sich nach abnehmender Liquidität - entsprechend der Geldnähe - wie folgt sortieren:

- Kasse, Bankguthaben
- Lieferforderungen
- Warenbestände
- halbfertige Produkte
- Rohstoffe usw.

Der Begriff „liquide Mittel“ kann also verschieden ausgelegt werden.

Barliquidität

Versteht man darunter ausschließlich die verfügbaren Zahlungsmittel - also den Kassenbestand und Guthaben auf Bankkonten - so spricht man von der Barliquidität oder von der Liquidität 1. Grades.

LZ 2.5

Da das Unternehmen jederzeit zahlungsfähig sein muss, um die Insolvenz zu vermeiden, ist die Barliquidität von zentraler Bedeutung:

$$\text{Liquidität 1. Grades (Barliquidität)} = \frac{\text{Zahlungsmittel}}{\text{kurzfristige Verbindlichkeiten}} \cdot 100$$

BEISPIEL:

Aktiva	Bilanz (in t. €)		Passiva
Anlagen	750	Eigenkapital	720
Vorräte	450	Darlehen	380
Forderungen	220	Verbindlichkeiten	400
Zahlungsmittel	80		
	1.500		1.500

Die Barliquidität beträgt in diesem Fall 0,20 oder 20 %.

LZ 2.6

Im Allgemeinen wird eine Barliquidität von 20 % noch für ausreichend betrachtet, da die kurzfristigen Verbindlichkeiten erst nach Ablauf ihres Zahlungszieles fällig werden und zwischenzeitig auch Forderungen an unsere Kunden beglichen werden.

LZ 2.3

Ein **Liquiditätsengpass** ist gegeben, wenn ein Unternehmen seinen Zahlungsverpflichtungen nicht mehr rechtzeitig nachkommen kann. Er liegt bereits dann vor, wenn die flüssigen Mittel nicht ausreichen fällige, kurzfristige Verbindlichkeiten zu decken. Liquiditätsengpässe kurzfristig zu vermeiden, ist für das betroffene Unternehmen schwierig und in der Regel auch teuer. Für kurzfristige Kredite werden besondere Sicherheiten und relativ hohe Zinsen verlangt.

Verstößt eine Unternehmung gegen das **Gebot der Liquidität,** wird sie dafür bestraft:

LZ 2.4
Folgen von Liquiditätsschwierigkeiten

- **Vorübergehende Liquiditätsschwierigkeiten** haben zur Folge, dass zunächst die Gläubiger um Zahlungsaufschub (Stundung) gebeten werden müssen (Maßnahmen: Verlängerung des Zahlungszieles, Wechselprolongation). Die Kreditwürdigkeit leidet. Verzugszinsen fallen an, auf die Ziehung von Skonto muss verzichtet werden.

LZ 2.4

- **Länger andauernde Liquiditätsschwierigkeiten** führen zu einem Notverkauf von Aktivposten (z. B. Verkauf von Forderungen) oder einem befristeten Aussetzen der Zahlungsverpflichtungen (Moratorium) unter Auflagen durch die Gläubiger (z. B. Abtretung von Forderungen, Einschränkung der Geschäftsverbindungen). Dadurch wird die Substanz des Unternehmens gefährdet bzw. seine Handlungsfreiheit stark eingeengt.
- **Grundlegende Liquiditätsschwierigkeiten** führen zu außergerichtlichem Vergleich oder zur Insolvenz, obwohl das Unternehmen ansonsten gesund sein kann.

Da die Folge von Liquiditätsschwierigkeiten die zwangsweise Auflösung des Unternehmens sein kann, lautet die Forderung:

Die Zahlungskraft sollte zu jedem Zeitpunkt möglichst größer sein als die Zahlungsverpflichtungen.

Die Aufrechterhaltung einer ausreichenden Liquidität ist damit mehr als ein Unternehmensziel: Sie ist eine Mindestbedingung.

Allerdings ist die Liquiditätskennzahl zeitpunktbezogen, d. h., sie gibt die Liquidität zum Bilanzstichtag an. Somit sind aus dieser Kennzahl keine Aussagen darüber möglich, ob das Unternehmen im laufenden Geschäftsjahr jederzeit seinen Zahlungsverpflichtungen nachkommen konnte. Auch sind daraus kaum Zukunftsaussagen zur Liquiditätslage ableitbar.

Finanzplanung

Zur dauerhaften Aufrechterhaltung der Zahlungsfähigkeit erstellt der Betrieb eine **Finanzplanung**, in der

- die Zahlungsmittel,
- die laufenden Einnahmen und
- die laufenden Ausgaben

erfasst werden. Das Hauptziel der Finanzplanung ist es, einen Liquiditätsengpass zu vermeiden.

4 Cashflow

LZ 4.1

Der Begriff **Cashflow** bezeichnet eine Kennziffer über den **Mittelzufluss aus dem Umsatzprozess**, aus der Einblicke in die Liquiditätslage und die finanzielle Entwicklung des Betriebs gewonnen werden können.

In vereinfachter Form wird als **Cashflow** die **Summe aus Jahresgewinn, Abschreibungen und Rückstellungserhöhungen** des Jahres bezeichnet.

Der Cashflow

- gibt das Ausmaß für den Spielraum von **Finanzierungsvorhaben** aus eigenen Mitteln wieder, ohne den Kreditmarkt zu beanspruchen (Innenfinanzierung), und lässt somit Rückschlüsse für die künftige Entwicklung zu,
- zeigt den Rahmen für selbst zu finanzierende **Investitionen** an, wenn man ihn auf die nächste Periode prognostiziert,
- deutet das Ausmaß der **Verschuldungsfähigkeit** an, wenn man davon ausgeht, dass Schulden aus selbst erwirtschafteten Mitteln zu tilgen sind.

Kennzahlen-Analyse

LZ 4.2 Die Kennziffer errechnet sich aus dem Jahresgewinn, vermehrt um die Aufwendungen, denen keine Auszahlungen, und vermindert um die Erträge, denen keine Einzahlungen gegenüberstehen.

Jahresüberschuss (Erträge – Aufwendungen)
+ alle nicht auszahlungswirksamen Aufwendungen (z. B. Abschreibungen)
– alle nicht einzahlungswirksamen Erträge (z. B. Rückstellungsauflösung)
= Cashflow

Die durch den Cashflow auf den Bilanzstichtag ermittelten finanziellen Mittel stehen zu diesem Zeitpunkt aber nicht mehr frei zur Verfügung. Die finanzwirtschaftliche Aussagekraft dieser Cashflow-Rechnung besteht folglich darin, dass sie angibt, welche finanziellen Mittel der Unternehmung aus dem laufenden Umsatzprozess zur Bestreitung von Investitionsausgaben, Tilgungszahlungen und möglichen Gewinnausschüttungen zur Verfügung gestanden haben. Die laufenden Betriebsauszahlungen sind schon bei der Ermittlung des Jahresüberschusses abgezogen worden.

LZ 4.2 Aus der GuV-Rechnung der Ind AG sind für die abgelaufene Periode u. a. folgende Zahlen zu entnehmen (gerundet):

BEISPIEL:

	Erträge	32 Mio. €
	Aufwendungen	31 Mio. €
	Abschreibungen	1,5 Mio. €
	Auflösung von Rückstellungen	0,5 Mio. €

Daraus errechnet sich der Cashflow:

	Erträge	32 Mio. €
–	Aufwendungen	31 Mio. €
=	Jahresüberschuss	1 Mio. €
+	Abschreibungen	1,5 Mio. €
–	Rückstellungsauflösung	0,5 Mio. € [1]
=	Cashflow	2 Mio. €

5 Wirtschaftlichkeit und Produktivität

Mithilfe der **Wirtschaftlichkeit** beziehen wir die Erträge auf die Aufwendungen einer **Periode**:

$$\text{Wirtschaftlichkeit} = \frac{\text{Erträge}}{\text{Aufwendungen}}$$

Wertgröße: Wirtschaftlichkeit

Sind die Erträge größer als die Aufwendungen, ist dies ein Indiz für die Wirtschaftlichkeit des Unternehmens. Dies sagt aber noch nichts über die Produktivität des Unternehmens aus.

Da es sich bei der Wirtschaftlichkeit um eine **Wertgröße** handelt, bei der Wertschwankungen (stark schwankende Rohstoffpreise, Lohnerhöhungen, aber auch unterschiedliche Verkaufspreise für ein Produkt) die Beurteilungsmöglichkeit der Messziffer beeinträchtigen, ist diese Größe zur Zielplanung weniger geeignet. Man nimmt dafür besser eine **Mengengröße.** Diese Mengengröße heißt **Produktivität.**

1 Die Beiträge für die Bildung von Rückstellungen wären zu addieren.

LZ 5.1 Die Produktivität gibt das Verhältnis zwischen dem Ertrag der Faktoreinsatzmengen (Output, Ausbringungsmenge) und den (dafür verbrauchten) Faktoreinsatzmengen (Input) an. Die Produktivität gibt damit die Ergiebigkeit der betrieblichen Faktorkombination an. Eine Gesamtproduktivität des Unternehmens lässt sich wegen der unterschiedlichen Faktoreinsatzmengen schlecht ermitteln.

Die allgemeine Formel lautet:

Mengengröße Produktivität

$$\text{Produktivität} = \frac{\text{Ausbringungsmenge (Stück, kg, hl)}}{\text{Einsatzmenge (Stück, kg, hl)}}$$

Diese Formel ist für die betriebliche Anwendung viel zu allgemein, da man schlecht Fertigerzeugnisse (Fahrräder) auf die Einsatzmenge (Stahlrohre, Teile) beziehen kann. Deshalb wird diese Messzahl je nach Bedarf abgewandelt:

$$\text{Produktivität einer Maschine} = \frac{\text{Ausbringungsmenge}}{\text{Maschinenlaufzeit (in Stunden)}}$$

$$\text{Arbeitsproduktivität} = \frac{\text{Ausbringungsmenge}}{\text{geleistete Arbeitsstunden}}$$

oder

$$\text{Arbeitsproduktivität} = \frac{\text{Ausbringungsmenge}}{\text{Mitarbeiterzahl}}$$

oder

$$\text{Arbeits(wert)produktivität} = \frac{\text{Jahresüberschuss}}{\text{Mitarbeiterzahl}}$$

LZ 5.2 Die Teilproduktivitäten können auch auf eine Einsatzeinheit bezogen werden, wie z. B. die Anzahl produzierter Fahrräder pro Arbeitsstunde oder der Schnittblumenertrag je m^2 Boden. Ebenso ist es möglich, die Wertproduktivität der eingesetzten Faktoren zu ermitteln, z. B. wie hoch der erzielte Gewinn pro Mitarbeiter ist.

Ziel eines Unternehmens ist es, ein möglichst gutes Verhältnis von Input und Output zu erreichen. Hintergrund ist, dass die Inputfaktoren Kosten für das Unternehmen verursachen. Je höher der Output im Verhältnis zu den eingesetzten Faktoren ist, um so günstiger werden auch die Kosten pro Ausbringungsmenge (z. B. Stück), die bei gleichem Preis zu einem höheren Gewinn führen würden.

Eine niedrige oder hohe Produktivität zeigt auf, dass das Unternehmen z. B. im Vergleich zu Vorjahren oder anderen Unternehmen der gleichen Branche schlechter oder besser mit seinen Produktionsfaktoren „wirtschaftet“. Die Teilproduktivitäten geben dem Unternehmen z. B. Aufschluss darüber, in welchen Bereichen (z. B. Material, Personal, Maschinen) die Produktivität gesteigert werden muss, um wettbewerbsfähig zu bleiben. Die Ursachen der erzielten Produktivität sind dann genau zu analysieren, da sie sich nicht aus der Produktivitätskennzahl ergeben.

BEISPIEL: Das Unternehmen A produziert mit 100 Mitarbeitern pro Tag 120 Fahrräder. Die Arbeitsproduktivität berechnet sich wie folgt:

120 Fahrräder/100 Mitarbeiter = 1,2 Fahrräder/Mitarbeiter,

d. h., jeder Mitarbeiter produziert rechnerisch pro Tag 1,2 Fahrräder.

Falls die Produktivität gegenüber dem Vorjahr gesunken ist, kann das z. B. an veralteten Maschinen liegen. In diesem Fall könnte eine Investition in neue Maschinen zu einer Verbesserung der Arbeitsproduktivität führen. Eine Verbesserung der Produktivität gegenüber dem Vorjahr kann aber nicht nur durch bessere Maschinen, sondern z. B. auch durch optimierte Arbeitsabläufe verursacht sein.

Kennzahlen-Analyse

Themenbereich Kostenrechnung

1 Aufgaben der Kostenrechnung

1.1 Ziele und Formen der Kostenrechnung

LZ 1.1

Die Kostenrechnung ist der Teil des betrieblichen Rechnungswesens, der sich mit den Vorgängen der innerbetrieblichen Leistungserstellung befasst. Ihre Aufgabe besteht daher in der Erfassung, Verteilung und Zurechnung der Kosten, die bei der Ausbringung von Gütern und Dienstleistungen entstehen. **Ziele** der Kostenrechnung sind:

Ziele

- die **Kontrolle der Wirtschaftlichkeit** und des **kurzfristigen Erfolgs** eines Betriebes,
- die **Kalkulation des Angebotspreises** auf der Grundlage der **Selbstkostenermittlung**,
- die Ermittlung der **Herstellungskosten** zum Zwecke der **Bewertung** der Halb- und Fertigerzeugnisse sowie der internen Leistungen für die Bilanz,
- Informationen zu liefern, um Entscheidungen im Hinblick auf **Preisuntergrenzen**, Annahme von **Zusatzaufträgen**, Gestaltung der **Sortiments-** und **Produktionsprogrammpolitik** zu treffen.

Die Ergebnisse der Kostenrechnung liefern somit die Grundlagen für die Kontrolle und Planung der innerbetrieblichen Tätigkeiten.

Die Kostenrechnung, die man auch als **Betriebsbuchhaltung** bezeichnet (internes Rechnungswesen), wird in verschiedenen Formen geführt.

Formen

- Als **Kostenartenrechnung** ermittelt sie, welche Arten von Kosten im Betrieb angefallen sind,
- als **Kostenstellenrechnung** verteilt sie die Kostenarten auf die einzelnen Kostenbereiche,
- als **Kostenträgerstückrechnung** rechnet sie die Kosten der einzelnen Leistung zu, womit zugleich die Selbstkosten als Grundlage der Angebotskalkulation bestimmt werden,
- als **Kostenträgerzeitrechnung** werden die Kosten einer Periode den erzeugten Leistungen dieser Periode zugerechnet, wodurch eine Kontrolle der Wirtschaftlichkeit des Betriebes ermöglicht wird.

1.2 Der Unterschied zwischen Finanzbuchhaltung und Kostenrechnung

LZ 1.2

Die Kosten- und Leistungsrechnung erfasst den Werteverzehr von Produktionsfaktoren (Kosten) und den Wertezuwachs in Form von betrieblichen Leistungen und ermittelt durch Gegenüberstellung von Kosten und Leistungen das Betriebsergebnis. In der Finanzbuchhaltung wird die rechnerische Verbindung der Unternehmung zur Außenwelt – z. B. zu Kunden, Lieferanten, Banken, Staat – dargestellt (externes Rechnungswesen). Sie erfasst neben den betriebsbedingten auch die betriebsfremden und außerordentlichen Aufwendungen und Erträge. Die Gegenüberstellung der Gesamtheit dieser Aufwendungen und Erträge in der GuV-Rechnung zeigt das Gesamtergebnis des Unternehmens.

LZ 1.3 Übernimmt man die Werte der GuV-Rechnung (Finanzbuchhaltung) für die Kosten- und Leistungsrechnung, müssen die betriebsfremden, periodenfremden und außerordentlichen Aufwendungen und Erträge abgegrenzt werden, da diese das Betriebsergebnis, in dem nur Kosten und Leistungen erscheinen, verfälschen würden.

Sowohl die GuV-Rechnung als auch die Bilanz unterliegen gesetzlichen Vorschriften (z. B. nach HGB, EStG), die Kosten- und Leistungsrechnung dagegen nicht.

2 Begriffe der Kostenrechnung

2.1 Kostenarten, Kostenstellen, Kostenträger

LZ 2.1

Kostenarten

Die Kostenartenrechnung steht zu Beginn der Kostenrechnung. Sie hat die Aufgabe, alle Kosten nach einem festgelegten System zu erfassen und zu ordnen. Sie fragt, **welche Kosten** und **in welcher Höhe** in einer Rechnungsperiode anfallen. Der Kostenbetrag ergibt sich aus der Menge der verzehrten Güter • Wert der verbrauchten Güter. Aus der Kostenartenübersicht können bereits wichtige Schlüsse gezogen werden, z. B. lassen sich Kostenabweichungen gegenüber vorangegangener Perioden bzw. Pläne ermitteln.

Die Kosten eines Unternehmens während einer Abrechnungsperiode lassen sich nach verschiedenen Gesichtspunkten einteilen.

- Nach der **Art der verbrauchten Produktionsfaktoren:**
  - Werkstoffkosten, Materialkosten,
  - Personalkosten,
  - Fremdleistungskosten (Dienstleistungen), Betriebsstoffkosten,
  - Steuern, Gebühren.
- Nach den **betrieblichen Funktionen:**
  - Beschaffungskosten,
  - Fertigungskosten,
  - Vertriebskosten,
  - Verwaltungskosten.

Kostenstellen

LZ 2.2 Die Kostenstellenrechnung fragt danach, **wo** die Kosten und **in welcher Höhe** entstanden sind. Jemand muss für die Kostenabweichungen verantwortlich sein. Es muss also der Ort der Kostenentstehung gesucht werden. Zu diesem Zweck wird der Betrieb in Kostenbereiche aufgeteilt, die wiederum in Kostenstellen unterteilt werden.

BEISPIEL: Zum Beispiel können folgende **Kostenbereiche in Kostenstellen** unterteilt werden:

- Materialbereich: Einkauf, Lager
- Fertigungsbereich: Werkstatt 1, Werkstatt 2, Vorfertigung, Montage
- Verwaltungsbereich: Personal, Buchhaltung, Kalkulation
- Vertriebsbereich: Vertrieb, Werbung
- Entwicklungsbereich: Forschung, Produktentwicklung

Nach welchen Gesichtspunkten Kostenstellen gebildet werden, hängt jeweils von den betrieblichen Erfordernissen ab. Es können sein:

- Abteilungen, gleichartige Maschinen,
- räumlich getrennte Fertigungsstätten,
- Verantwortungsbereiche.

Kostenträger

LZ 2.3

Kostenträger sind die betrieblichen Leistungen, die den Güter- und Dienstleistungsverzehr ausgelöst haben und für die deshalb die Kosten zu ermitteln sind.

Hier stellt sich die Frage: Wer/Was hat die Kosten verursacht? Als Kostenträger kommen in Betracht:

- Die **Absatzleistungen** eines Industriebetriebes, z. B. Fertigerzeugnisse, Dienstleistungen, kurz, alle Leistungen, die der Betrieb vermarktet (materielle und immaterielle Leistungen).
- **Innerbetriebliche Leistungen** (auch: interne Leistungen oder Eigenleistungen), die der Betrieb erstellt und dann selbst nutzt.

BEISPIELE:
Eine Maschinenfabrik stellt Maschinen für die eigene Produktion her.
Ein PC-Hersteller stellt Computer zur eigenen Nutzung her.

2.2 Einzelkosten und Gemeinkosten

Einzelkosten

LZ 2.4

- **Einzelkosten** können **direkt** den einzelnen Kostenträgern bzw. Leistungen zugerechnet werden. So lassen sich Akkordlöhne (Lohneinzelkosten, Fertigungslohn) und das Fertigungsmaterial (Materialeinzelkosten) ohne Verrechnung über die Kostenstellen auf die Kostenträger kalkulieren.
- **Sondereinzelkosten** werden pro Auftrag erfasst und zugerechnet. Zu ihnen gehören Sondereinzelkosten der Fertigung wie Modellkosten, Lizenzgebühren, Spezialwerkzeuge und Sondereinzelkosten des Vertriebs wie Verpackungsmaterial, Ausgangsfrachten, auftragsbezogene Sonderwünsche von Kunden.

Gemeinkosten

LZ 2.5

- **Gemeinkosten** lassen sich nur **indirekt** den Kostenträgern zurechnen. Sie werden nicht von einer Produkteinheit bzw. einem Auftrag allein verursacht, sondern fallen für mehrere Aufträge bzw. Einheiten gemeinsam an. Sie werden deshalb auf einzelne Kostenstellen verteilt und über Zuschläge (vgl. Kap. 5.3.4) den Kostenträgern zugeordnet. Da sich die Gemeinkosten nur zum geringen Teil aus dem Leistungsprozess ergeben, ist hier die Vorgabe und Kontrolle von besonderer Bedeutung, damit sie sich nicht unkontrolliert entwickeln.

BEISPIELE:
LZ 2.5

Beispiele für Gemeinkosten:

- Materialbereich: Einkauf, Lager, Eingangsprüfung, Rechnungsprüfung
- Fertigungsbereich: Fertigungsplanung, -steuerung, Disposition, Werkstätten
- Verwaltungsbereich: Buchhaltung, Personalabteilung, Leitung, Finanzabteilung
- Vertriebsbereich: Auftragsabwicklung (Verkauf), Werbung, Lager, Versand

2.3 Fixe und variable Kosten

2.3.1 Fixe (beschäftigungsgradunabhängige) Kosten

LZ 2.6

Hat der Betrieb seine Anlagen gekauft, Werkstoffe beschafft und Personal eingestellt, so fallen zur Unterhaltung des Betriebes, unabhängig davon, ob produziert wird oder nicht, periodisch gleich bleibende (fixe) Kosten an. Sie werden deshalb auch Bereitschaftskosten genannt.

BEISPIELE:

- lineare Abschreibungen, Zinsen, Mieten, Kraftfahrzeugsteuern, Gehälter.

fixe Gesamt- und Stückkosten

Allerdings sind diese Kosten nur **als Gesamtkosten fix**. Beziehen wir sie auf die produzierte Menge, so bemerken wir, dass sie mit zunehmender Ausbringung **pro Stück** abnehmen, also **degressiv** verlaufen.

BEISPIELE:

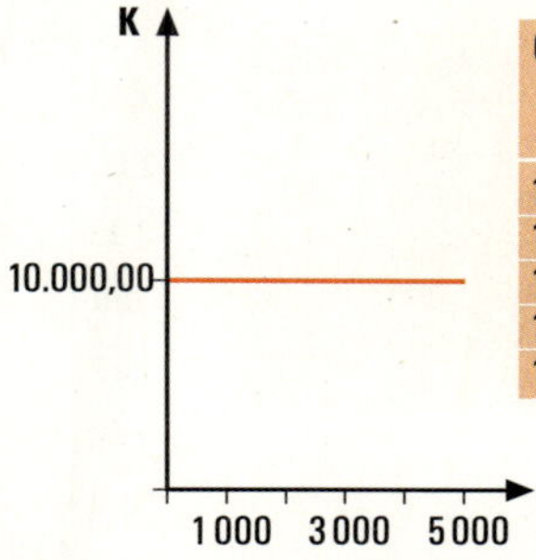

Gesamtkosten K	Ausbringung m	Stückkosten k
10.000,00	1 000	10,00
10.000,00	2 000	5,00
10.000,00	3 000	3,33
10.000,00	4 000	2,50
10.000,00	5 000	2,00

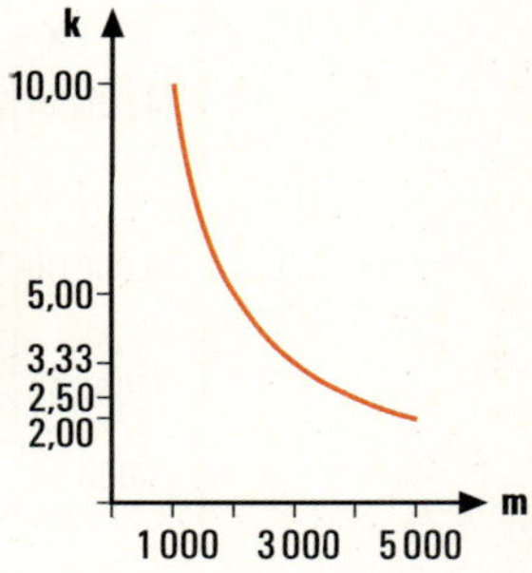

2.3.2 Variable (beschäftigungsgradabhängige) Kosten

LZ 2.7

Kosten, die sich mit der Produktionsmenge, dem Beschäftigungsgrad ändern, heißen variable (d. h. veränderliche) Kosten.

Einzelkosten sind variable Kosten.

BEISPIELE:

- Material, Verpackung

Dabei können sich folgende Möglichkeiten ergeben:

proportionale Kosten

- Ein Teil der Kosten ändert sich **im gleichen Verhältnis** wie der Beschäftigungsgrad **(proportionale Kosten)**: z. B. Fertigungsmaterial, Fertigungslöhne, Lizenzgebühren, Verpackungskosten.

überproportionale Kosten

- Ein Teil der Kosten ändert sich **in einem stärkeren Verhältnis** als der Beschäftigungsgrad **(überproportionale Kosten)**: z. B. Überstundenzuschläge für Löhne, steigender Verschleiß und Ausschuss bei Erreichen der Kapazitätsgrenze.

unterproportionale Kosten

- Ein Teil der Kosten ändert sich **in einem geringeren Ausmaß** als der Beschäftigungsgrad **(unterproportionale Kosten)**: z. B. geringere Materialkosten bei Ausnutzung von Mengenrabatten, günstige Frachttarife bei größeren Beförderungsmengen.

Für die variablen Kosten ergeben sich folgende Kostenkurven:

Kostenrechnung

BEISPIELE:

Proportionale Gesamtkosten → bedeuten → Konstante Stückkosten

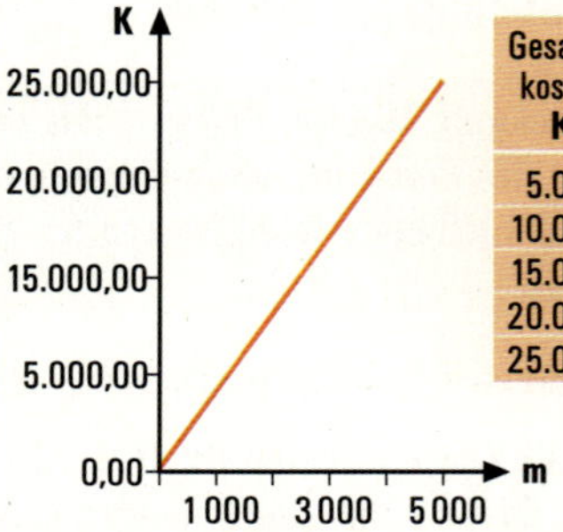

Gesamtkosten K	Ausbringung m	Stückkosten k
5.000,00	1000	5,00
10.000,00	2000	5,00
15.000,00	3000	5,00
20.000,00	4000	5,00
25.000,00	5000	5,00

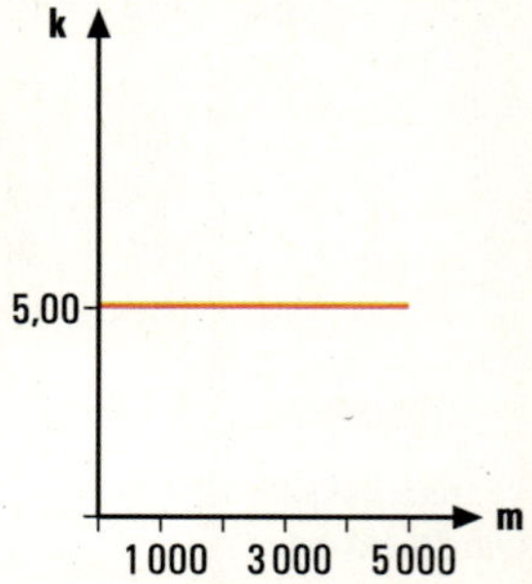

Überproportionale Gesamtkosten → bedeuten → Progressive Stückkosten

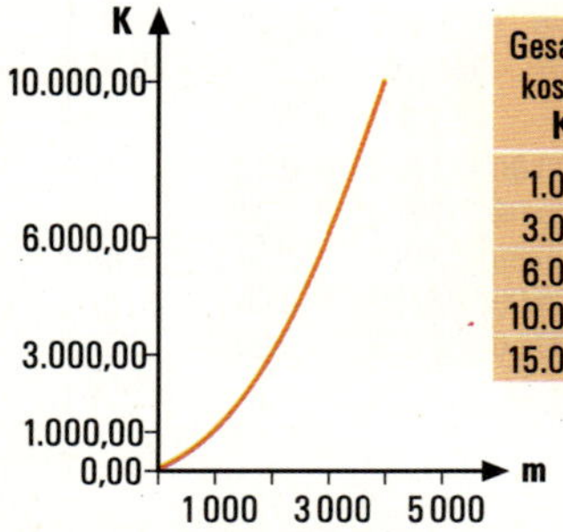

Gesamtkosten K	Ausbringung m	Stückkosten k
1.000,00	1000	1,00
3.000,00	2000	1,50
6.000,00	3000	2,00
10.000,00	4000	2,50
15.000,00	5000	3,00

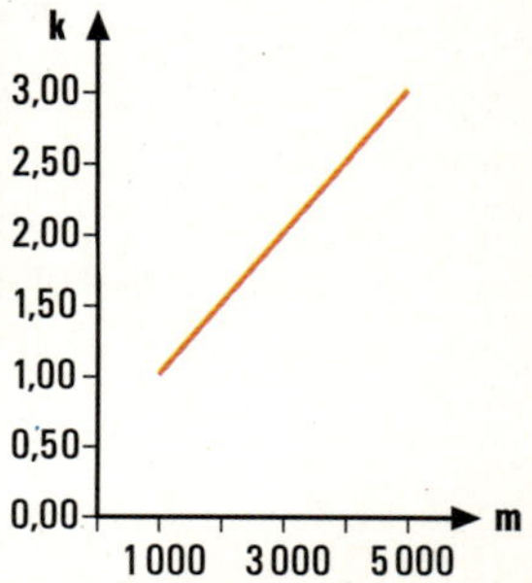

Unterproportionale Gesamtkosten → bedeuten → Degressive Stückkosten

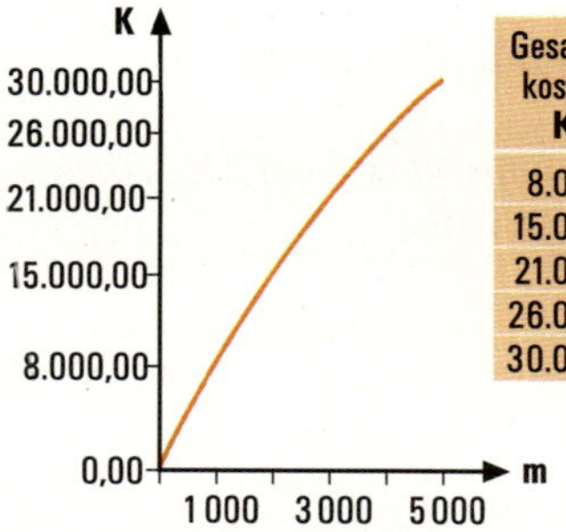

Gesamtkosten K	Ausbringung m	Stückkosten k
8.000,00	1000	8,00
15.000,00	2000	7,50
21.000,00	3000	7,00
26.000,00	4000	6,50
30.000,00	5000	6,00

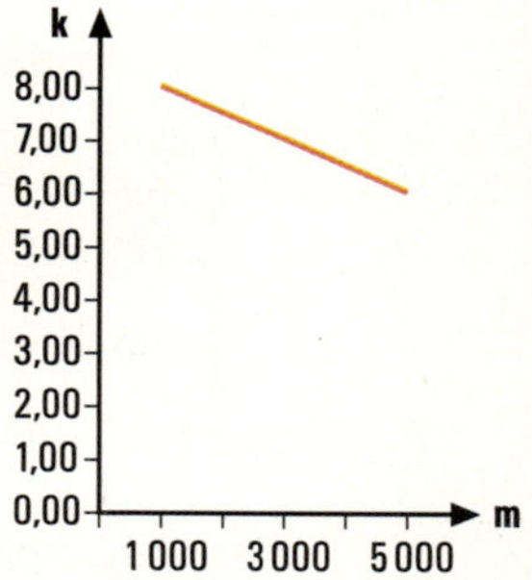

2.4 Vollkostenrechnung

LZ 2.8

BEISPIEL:

	€	€
Fertigungsmaterial	100,00	
+ 10 % MGK[1]	10,00	
Stoffkosten		110,00
Fertigungslöhne ...	195,00	
+ 100 % FGK[1]	195,00	
Fertigungskosten		390,00
Herstellkosten		500,00
+ 40 % VuVGK[1]		200,00
Selbstkosten		700,00

Hier werden **alle** angefallenen Kosten – fixe und variable Kosten bzw. Einzel- und Gemeinkosten – auf die Kostenträger verrechnet. Mithilfe der Vollkostenrechnung werden die Selbstkosten ermittelt.

1 MGK = Materialgemeinkosten, FGK = Fertigungsgemeinkosten, VuVGK = Verwaltungs- und Vertriebsgemeinkosten

Ein Nachteil der Vollkostenrechnung liegt darin, dass die Fixkosten, also solche Kosten, die sich mit Änderung der Beschäftigung nicht ändern, auf die Leistungen verteilt werden.

Entscheidungsrelevant sind jedoch nur die variablen Kosten; nur diese können wirklich kurzfristig beeinflusst werden.

Die Nachteile der Vollkostenrechnung werden insbesondere dann sichtbar, wenn mit unterschiedlichen Kapazitäten gearbeitet wird; dies würde nämlich eine laufende Veränderung der Kalkulationssätze erfordern.

Die Angebotskalkulation auf Vollkostenbasis

Kalkulation

Da die Kosten die Grundlage der Preise darstellen, müssen diese durch **Kalkulation** möglichst genau ermittelt werden. In der betrieblichen Wirklichkeit treten zwei Situationen auf:

progressiv

- Durch **vorwärts schreitende (progressive) Kalkulation** bildet man von den Kosten ausgehend die Verkaufspreise.

Differenzkalkulation

- Der Marktpreis ist ein Datum, d. h., der Betrieb muss von einem gegebenen Verkaufspreis ausgehen. Da auch die Kosten feststehen, ergibt sich der Gewinn durch die Differenz zwischen Marktpreis und den Kosten (**Differenzkalkulation**).

Kostenrechnung

2.5 Teilkostenrechnung

LZ 2.9

Hier werden nur die durch die Produktion der Kostenträger anfallenden Kosten, d. h. die Einzelkosten (variablen Kosten), berücksichtigt.

Es gibt unterschiedliche Bezeichnungen für die Teilkostenrechnung. Aus den USA kommt der Begriff „Direct Costing", in Deutschland ist Grenzkosten- oder Deckungsbeitragsrechnung sehr geläufig. Prinzipiell sind diese Begriffe synonym zu verwenden. Das Ziel all dieser Systeme ist es, nur einen Teil der Kosten zu verrechnen.

BEISPIEL:

Fertigungsmaterial ..	100,00 €
Fertigungslöhne	195,00 €
Herstellkosten	295,00 €

Im Gegensatz dazu ist die Vollkostenrechnung ein Abrechnungsverfahren, bei dem die gesamten Kosten auf die Kostenträger verteilt werden.

Bei der Teilkostenrechnung wird von den Gesamtkosten derjenige Teil abgespaltet, der durch die Aufrechterhaltung der Betriebsbereitschaft entsteht. In die Rechnung gehen nur die durch die Produktion der Kostenträger anfallenden Kosten ein. Anders ausgedrückt heißt dies, dass zwischen fixen und variablen Kosten unterschieden wird.

Der Grund liegt darin, dass insbesondere Mehrproduktunternehmen oder bei mehrstufiger Produktion eine Proportionalisierung der fixen Kosten zu einer Verfälschung der Kostenstruktur aufgrund der Verletzung des Verursachungsprinzips führt. Der Charakter der Fixkosten verbietet zudem eine Schlüsselung auf die Kostenträger, da diese als Bereitschaftskosten unabhängig von der Ausbringungsmenge anfallen. „Bestimmte" Entscheidungssituationen fordern nun, gerade die „richtige" Kostenveränderung festzustellen.

2.6 Vergleich zwischen Vollkosten- und Teilkostenrechnung

Probleme und Mängel der Vollkostenrechnung

Am folgenden Beispiel soll das Versagen der Vollkostenrechnung deutlich gemacht werden:

BEISPIEL:

Infolge der schlechten Konjunkturlage und der fernöstlichen Konkurrenz sind die Kapazitäten der „Elektronik AG" nur zu 60 % ausgelastet (= 3 000 Stück/Periode).

In dieser Situation erhält der Vorstand des Unternehmens ein Angebot zur Lieferung von 1 000 Stück Telefonanlagen nach Brasilien zu einem Preis von 7.000,00 € pro Stück. Der inländische Stückpreis dieses einzigen von der Firma hergestellten Produkts liegt bei 9.500,00 €.

Der Vorstand erkundigt sich nun beim Leiter des Rechnungswesens, Herrn Kalkulatorix, ob dieser niedrige Preis überhaupt kostendeckend sei oder ob man bei Auftragsannahme in die roten Zahlen komme.

Die Kalkulation basiert bisher – bei Gesamtkosten in Höhe von 27.540.000 € – auf folgenden Daten:

Materialeinzelkosten		500,00 €
Materialgemeinkosten:	variabel	20 %
	fix	40 %
Fertigungslöhne		1.600,00 €
Fertigungsgemeinkosten:	variabel	150 %
	fix	125 %
Verwaltungs- und Vertriebsgemeinkosten:	variabel	10 %
	fix	25 %

Was wird Herr Kalkulatorix, nachdem er die Selbstkosten der Telefonanlage ermittelt hat, seinem Chef empfehlen?

LÖSUNG:

Vergleich der Stückkosten mit den Stückerlösen:

Materialeinzelkosten		500,00 €
Materialgemeinkosten:	variabel	100,00 €
	fix	200,00 €
I Materialkosten gesamt		800,00 €
Fertigungslöhne		1.600,00 €
Fertigungsgemeinkosten:	variabel	2.400,00 €
	fix	2.000,00 €
II Fertigungskosten gesamt		6.000,00 €
I + II Herstellkosten		6.800,00 €
Verwaltungs- und Vertriebsgemeinkosten:	variabel	680,00 €
	fix	1.700,00 €
Selbstkosten/Stück		9.180,00 €
Verkaufserlös pro Stück bei Zusatzauftrag		7.000,00 €
Gewinn/Verlust pro Stück bei Zusatzauftrag		**– 2.180,00 €**

Da die Verkaufserlöse unter den Vollkosten liegen, würde bei dieser Rechnung die Empfehlung von Herrn Kalkulatorix sein den Zusatzauftrag nicht anzunehmen.

Kostenrechnung

Ermittlung und Vergleich der aufgrund der Fixkosten geänderten Stückkosten:

Kosten bei 3 000 Stück

Verteilung nach Zurechenbarkeit:

Gesamtkosten	Einzelkosten	Gemeinkosten
27.540.000,00 €	6.300.000,00 €	21.240.000,00 €

Verteilung nach Beschäftigungsabhängigkeit:

Gesamtkosten	variable Kosten	fixe Kosten
27.540.000,00 €	15.840.000,00 €	11.700.000,00 €
Kosten pro Stück	variable Stückkosten	fixe Stückkosten
9.180,00 €	5.280,00 €	3.900,00 €

Kosten bei 4 000 Stück

Verteilung nach Beschäftigungsabhängigkeit:

Gesamtkosten	variable Kosten	fixe Kosten
32.820.000,00 €	21.120.000,00 €	11.700.000,00 €
Kosten pro Stück	variable Stückkosten	fixe Stückkosten
8.205,00 €	5.280,00 €	2.925,00 €

Verteilung nach Zurechenbarkeit:

Gesamtkosten	Einzelkosten	Gemeinkosten
32.820.000,00 €	8.400.000,00 €	24.420.000,00 €

Beschäftigungsschwankungen

Definitionsgemäß verändern sich bei Beschäftigungsschwankungen nur die variablen, nicht aber die fixen Kosten.

Sie betragen:
(200,00 € + 2.000,00 € + 1.700,00 €) · 3 000 Stück = 11.700.000,00 €.

Wird nun der Beschäftigungsgrad verändert, so müssten konsequenterweise auch die Fixkostenzuschläge in der Kalkulation verändert werden, um nicht zu viel oder zu wenig Fixkosten auf ein Stück zu verrechnen.

Fixkosten

In diesem Fall werden 3.900,00 € · 4 000 Stück = 15.600.000,00 €, d. h. 3.900.000,00 € Fixkosten zu viel verrechnet. Kosten, die überhaupt nicht anfallen. Es dürfen jährlich nur 11.700.000,00 € : 4 000 Stück = 2.925,00 € auf ein Stück verrechnet werden.

Als neue Stückselbstkosten ergeben sich nun
5.280,00 € (k_{var}) + 2.925,00 € (k_{fix}) = 8.205,00 €.

Ein Vergleich auf Vollkostenbasis zwischen den Stückkosten und dem Verkaufserlös führt in diesem Fall zu dem Ergebnis, dass ein Stückverlust in Höhe von 1.205,00 € bei Annahme des Zusatzauftrages entsteht (7.000,00 € – 8.205,00 € = – 1.205,00 €).

Würde man aufgrund dieses Resultats den Zusatzauftrag ablehnen, wäre dies in Bezug auf das gesamte Periodenergebnis ein Fehler.

- Der Periodengewinn ohne Zusatzauftrag beträgt (9.500,00 € – 9.180,00 €) · 3 000 Stück = 960.000,00 €.
- Der Periodengewinn bei Annahme des Zusatzauftrags beträgt
  1 000 Stück · (7.000,00 € – 8.205,00 €) = – 1.205.000,00 €
  3 000 Stück · (9.500,00 € – 8.205,00 €) = + 3.885.000,00 €
  = 2.680.000,00 €

Grenzen und Nachteile der Teilkostenrechnung

Die Grenzen und Nachteile der Teilkostenrechnung sind:

- Probleme der Aufteilung in fixe und variable Kosten.
- Nur für kurzfristige Zeiträume geeignet. Es besteht die Gefahr von Preissenkungen aufgrund von positiven Deckungsbeiträgen (vgl. Kap. 4.1).
- Keine Kalkulation des Angebotspreises möglich, da Stückgewinn und Stückfixkosten nicht bekannt sind.
- Keine Anwendungsmöglichkeit für die bilanzielle Bewertung von interner Leistung bzw. von Beständen.

Zusammenfassend lässt sich feststellen, dass für kurzfristige Planungszwecke die Teilkostenrechnung besser geeignet ist als das starre System der Vollkostenrechnung. Der Vorteil der Teilkostenrechnung besteht darin, dass es ein einfach anzuwendendes Verfahren ist, das schnell Zahlenmaterial für kurzfristige Entscheidungen zur Verfügung stellt. Jedoch kann, schon alleine wegen der bewertungsrechtlichen Vorschriften, in der Praxis auch nicht auf die Vollkostenrechnung verzichtet werden.

Kostenrechnung

3 Kalkulation

3.1 Die verschiedenen Marktformen

LZ 3.1, 3.2

Die Möglichkeit, Preispolitik zu betreiben, hängt im besonderen Maß von der Zahl der Mitwettbewerber und deren Bedeutung, d. h. von der Marktform, ab.

Kombinieren wir die Anzahl der Marktteilnehmer, so werden folgende Möglichkeiten sichtbar:

Überblick

Nachfrager / Anbieter	viele	wenige	einer
viele	Polypol	Nachfrageoligopol	Nachfragemonopol
wenige	Angebotsoligopol	zweiseitiges Oligopol	beschränktes Nachfragemonopol
einer	Angebotsmonopol	beschränktes Angebotsmonopol	zweiseitiges Monopol

Preisbildung bei vollständigem Wettbewerb (Polypol)

Bei dieser Marktform stehen einer großen Zahl von Nachfragern eine große Zahl von Anbietern gegenüber (= vollkommene Konkurrenz).

Bei vollständigem Wettbewerb kann kein Marktteilnehmer Preispolitik betreiben. Die Zahl der Mitkonkurrenten ist sehr groß, der eigene Marktanteil (und damit die eigene Kapazität) ist verschwindend klein. Es herrscht ein scharfer Wettbewerb. Anbieter und Nachfrager passen sich an den Gleichgewichtspreis an.

LZ 3.1, 3.2

Preisbildung beim Monopol

Der Monopolist ist der alleinige Anbieter eines Gutes. Er ist keinem Wettbewerb ausgesetzt und kann den Angebotspreis autonom, d. h. selbst, bestimmen.

Preisbildung beim Oligopol

Beim Oligopol teilen sich wenige Anbieter eines Gutes den Branchenumsatz bzw. wird der Branchenmarkt in mehrere Teilmärkte aufgespalten, in denen der jeweilige Anbieter eine monopolartige Stellung erhält.

Die Klassifizierung in Grundtypen möglicher Marktformen sagt allerdings nichts über deren Vorkommen in der Wirklichkeit aus.

Dazu müssen wir weitere Markteigenschaften in unsere Betrachtungen einführen. Danach unterscheiden wir vollkommene und unvollkommene Märkte.

vollkommener Markt

Der vollkommene Markt erfüllt folgende Bedingungen:

- Die auf dem Markt angebotenen Güter sind vollständig gleichartig („homogen").
- Die Marktpartner entscheiden rational. Die Käufer bevorzugen nicht aus irgendwelchen Gründen einen Anbieter, d. h., sie haben keine „Präferenzen". Die Anbieter streben einen größtmöglichen Gewinn an.
- Alle Marktteilnehmer sind vollständig über Kosten, Preise, Bedürfnisse usw. informiert. Sie haben also Marktübersicht (Markttransparenz).
- Marktänderungen lösen sofortige Reaktionen der anderen Marktteilnehmer aus. Diese verfügen über eine hohe Anpassungsgeschwindigkeit

falls eine oder mehrere Bedingungen fehlen:

unvollkommener Markt

unvollkommener Markt

Von unvollkommenen Märkten sprechen wir also immer, wenn

- die Verbraucher den Markt **nicht** völlig **überblicken,**
- die Produzenten den Markt bei an sich gleichartigen Gütern durch **Preisdifferenzierung** aufspalten,
- die Produzenten versuchen durch Werbung **Präferenzen** bei den Ansichten über die Produkte herbeizuführen (sog. Meinungsmonopol),
- Marktteilnehmer auf Marktänderungen **nicht sofort reagieren** können, weil die Markttransparenz fehlt.

In der Wirklichkeit herrschen deshalb unvollkommene Märkte vor.

3.2 Die Preisspielräume unterschiedlicher Marktformen

Polypol

LZ 3.3 Es bildet sich der Preis am Markt, bei dem möglichst viele Anbieter und Nachfrager zum Zuge kommen (Gleichgewichtspreis). Der Unternehmer kann sich in seiner Preisgestaltung nur dem Gleichgewichtspreis anpassen.

BEISPIEL: Im folgenden Beispiel werden nach dem Gesetz von Angebot und Nachfrage einem Preis jeweils eine Angebots- und eine Nachfragemenge zugeordnet. Die kleinere von den beiden Mengen stellt den möglichen Absatz dar. Unterstellen wir Selbstkosten von 19,00 € pro Stück, so ergibt sich für jeden Preis eine spezifische Kosten- und Gewinnsituation:

Marktlage	Preis je Stück	Nachfrage	Angebot	Absatz	Umsatz	Kosten	Gewinn
	20	750	350	350	7.000	6.650	350
Nachfrageüberhang	21	700	430	430	9.030	8.170	860
	22	650	520	520	11.440	9.880	1.560
Gleichgewichtspreis	23	600	600	600	13.800	11.400	2.400
	24	550	680	550	13.200	10.450	2.750
Angebotsüberhang	25	500	770	500	12.500	9.500	3.000
	26	450	850	450	11.700	8.550	3.150
Monopolpreis	27	400	930	400	10.800	7.600	3.200
	28	350	1 000	350	9.800	6.650	3.150

LZ 3.3

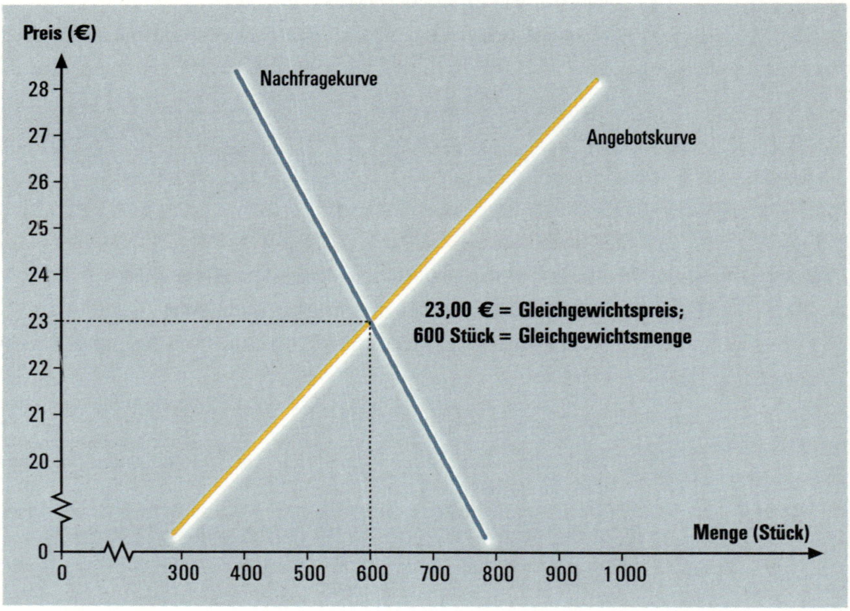

Folgerungen aus dem Beispiel:

Das Beispiel zeigt:

- Beim Preis von 23,00 € (Gleichgewichtspreis) gleichen sich Angebot (600 Stück) und Nachfrage (600 Stück) aus. Der Markt wird geräumt. Jede zu diesem Preis angebotene Menge wird gekauft. Zu diesem Preis kommt jeder Nachfrager zum Zug, der bereit ist diesen Preis zu zahlen.

- Beim Gleichgewichtspreis ergibt sich – verglichen mit anderen Marktsituationen – der größte Umsatz (13.800,00 €).
- Kein Anbieter kann Preispolitik betreiben. Der Preis ist ein festes „Datum“.
- Die Anbieter können nur die Menge bestimmen, mit der sie am Markt agieren wollen („Mengenanpasser“).

Monopol

LZ 3.3 Der Monopolist als alleiniger Anbieter auf dem Markt kann sein Interesse am höchstmöglichen (maximalen) Gewinn verwirklichen und wird den Preis wählen, bei dem die Differenz zwischen Umsatz und Kosten am größten ist. In unserem Beispiel beträgt der Monopolpreis 27,00 € und die abgesetzte Menge 400 Stück.

Daraus ergibt sich:

- Der Monopolist kann **aktiv** Preispolitik betreiben.
- Seine Preise werden **über dem Gleichgewichtspreis** liegen.
- Da der Absatz im Vergleich zur vollständigen Konkurrenz niedriger ist, bleiben mehr Nachfrager unberücksichtigt; das sind vor allem **kaufkraftschwache Nachfrager.**
- Der Monopolist hat als alleiniger Anbieter große **wirtschaftliche Macht.**

In der Praxis kommt das reine Monopol (z. B. Branntweinerzeugung) kaum vor. Monopole können besonders kurzzeitig bei der Einführung neuer Erfindungen entstehen. Hat ein Anbieter eine monopolistische Stellung, so besteht die Gefahr, dass

- neue Anbieter angelockt werden,
- Ersatzgüter angeboten werden,
- das Bundeskartellamt in Wahrnehmung seiner Missbrauchsaufsicht überhöhte Preise verbietet.

Kostenrechnung

Oligopol

LZ 3.3 Weicht ein Wettbewerber vom Konkurrenzpreis ab, so kann dies weit reichende Folgen haben:

- Bei Preissteigerungen kann ein Umsatzverlust eintreten,
- bei Preissenkungen müssen die Konkurrenten mit absatzpolitischen Maßnahmen reagieren.

Im Einzelnen kommen folgende **Marktsituationen** vor:

- Preissenkungen bei einem Anbieter führen zu einem **ruinösen Preiskampf**, bei dem sich die Wettbewerber unterbieten. Schwache Betriebe scheiden aus dem Wettbewerb aus. Diesen Preisauseinandersetzungen gehen die Betriebe in der Praxis verständlicherweise aus dem Weg.
- Preissenkungen und Preiserhöhungen werden von allen Mitwettbewerbern gemeinsam vorgenommen (z. B. bei Benzin). Die **friedliche Anpassungspolitik** kommt zustande durch

LZ 3.3

– (verbotene) ausdrückliche oder stillschweigende Preisabsprachen,
– Nachvollziehen der Preismaßnahmen des „Marktführers“ (meistens der umsatzstärkste Oligopolist).

- Preismaßnahmen werden nur in Zusammenhang mit **Produktdifferenzierungen** (z. B. verschiedene Packungsgrößen, Motorleistungen) vorgenommen. Dann liegt aber **bereits ein unvollkommenes Oligopol** vor. Die Güter sind hier nicht mehr homogen.

3.3 Preis-Absatz-Funktion

LZ 3.4

Verdeutlichen wir uns das **Gesetz von Angebot und Nachfrage** anhand folgender Preis-Absatz-Funktion und vollkommener Konkurrenz grafisch:

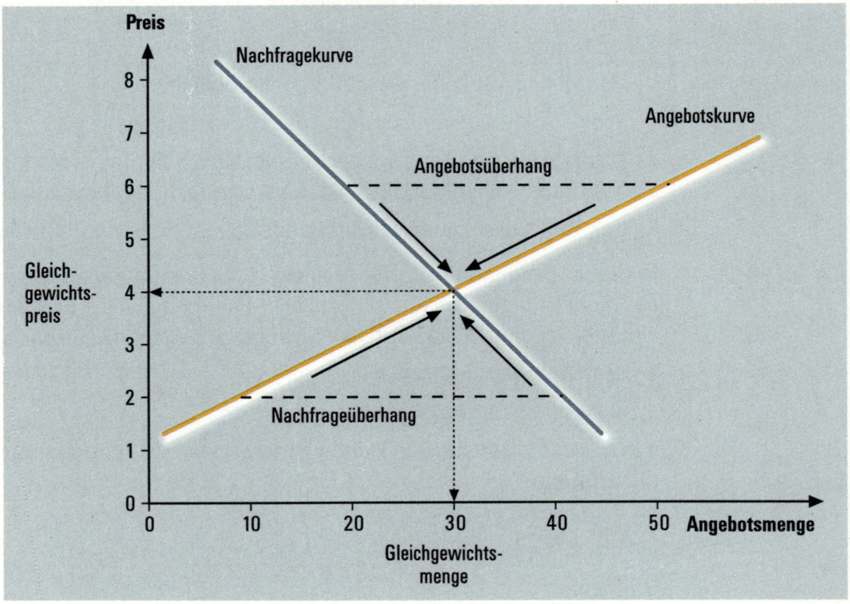

LZ 3.5

Nach dem **Gesetz von Angebot und Nachfrage** bestimmt sich der Preis nach dem Verhältnis des Angebots zur Nachfrage:

- **Steigt das Angebot im Verhältnis zur Nachfrage (Nachfragelücke, Angebotsüberhang), dann sinkt der Preis.**
- **Steigt die Nachfrage im Verhältnis zum Angebot (Angebotslücke, Nachfrageüberhang), dann steigt der Preis.**

Dieses Gesetz lässt sich natürlich auch **umkehren:** Danach bestimmt der Preis sowohl die angebotene als auch die nachgefragte Menge.

Gleichgewichtsmenge/-preis

Angebots- und Nachfragekurve schneiden sich beim Preis von 4,00 € (**Gleichgewichtspreis**) und bei der Menge 30 Stück (**Gleichgewichtsmenge**). Wie kommt es dazu?

- Liegt der Preis unter dem Gleichgewichtspreis, z. B. bei 2,00 €, so werden die Anbieter nur 10 Stück anbieten, die Nachfrager dagegen 40 Stück nachfragen. Der Markt befindet sich in einem Ungleichgewicht.

Nachfrageüberhang

Es herrscht ein **Nachfrageüberhang** von 30 Stück, d. h., 30 Nachfrager kommen nicht zum Zuge. Da die Nachfrager in einem starken Wettbewerb stehen, werden die Anbieter die Preise anheben können

Angebotsüberhang

- Liegt der Preis über dem Gleichgewichtspreis, z. B. bei 6,00 €, so werden die Anbieter zwar 50 Stück anbieten, die Nachfrager werden aber nur 20 Stück kaufen. Auch hier befindet sich der Markt in einem Ungleichgewicht. Es besteht ein **Angebotsüberhang** von 30 Stück. Jetzt stehen die Anbieter zueinander in einem starken Wettbewerb, der sie zwingt die Preise zurückzunehmen.
- Die Preisbewegung kommt in beiden Fällen erst zum Stillstand, wenn der **Gleichgewichtspreis** erreicht ist. Dann entsprechen sich Angebots- und Nachfragemengen. Alle Anbieter und Nachfrager, die bei diesem Preis auftreten, kommen zum Zuge:

3.4 Einflussfaktoren auf die Preisbildung von Produkten

Auf dem Markt treffen sich Angebot und Nachfrage. Hier vollzieht sich die Preisbildung. Dabei wirken folgende **Faktoren** auf die Angebots- und auf die Nachfragekurve ein:

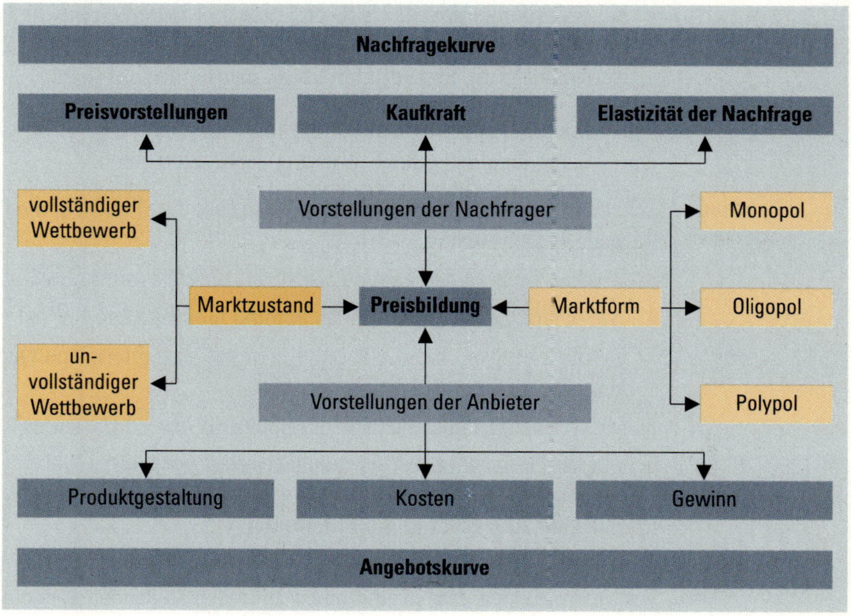

Einfluss der Nachfrager auf die Preisbildung

Kaufkraft

Das Einkommensniveau bestimmt die Kaufkraft der Nachfrager und spielt somit eine Rolle für die Preisgestaltung der Unternehmen. Steigt es, so kann bei gleich bleibenden Preisen mehr gekauft werden bzw. die Unternehmen können ihre Preise erhöhen. Sinkt es, so kann bei gleich bleibenden Preisen nur eine geringere Menge nachgefragt werden bzw. müssen die Unternehmen über Preissenkungen nachdenken. Güter des täglichen Bedarfs (z. B. Kartoffeln, Nudeln) reagieren am wenigsten auf Einkommensveränderungen.

Für die Nachfrage nach Konsumgütern ist das sog. **verfügbare Einkommen** entscheidend. Damit ist der Teil des Einkommens gemeint, der nach Abzug von Steuern und Versicherungsbeiträgen für den Konsum verbleibt.

Preiselastizität der Nachfrage

Die Preiselastizität der Nachfrage gibt das Ausmaß der mengenmäßigen Reaktion der Nachfrager (prozentuale Mengenänderung) auf Preisänderungen (prozentuale Preisänderung) bei einer Ware an.

- Bei **lebensnotwendigen Gütern** ist die Nachfrage **relativ unelastisch.** Beispiel: Würde man die Verkaufspreise für Speisesalz deutlich anheben, so bliebe die Nachfrage davon unberührt.
- **Luxusgüter** haben in der Regel eine **hohe Preiselastizität der Nachfrage.** Beispiel: Starke Preiserhöhungen für Digitalkameras würden zu kräftigen Absatzeinbußen führen.

Kreuzpreiselastizität

- Bei vielen Produkten weichen die Verbraucher auf **Substitutionsgüter**[1] aus. Preiserhöhungen bei Butter führen zu einer Erhöhung des Margarineabsatzes, wenn die Margarinepreise nicht gleichzeitig angehoben werden. Wir sprechen in diesem Fall von **Kreuzpreiselastizität**.
- Bei **komplementären** (= sich ergänzenden) **Gütern** führt die Erhöhung der Nachfrage bei einem Gut zu **Bedarfssteigerungen beim anderen Gut:** Wer ein neues Automobil kauft, tritt auch als Nachfrager für Treibstoff auf.

Die Preiselastizität ist für den Betrieb meist ein Datum, d. h., sie kann nur in begrenztem Umfang langfristig durch Werbung verändert werden.

Preisvorstellungen

Schließlich spielt die **Mentalität der Nachfrager** eine Rolle. Für die Preispolitik sind hier folgende Fragen wichtig:

- Welchen Preis ist der Verbraucher bereit für ein bestimmtes Gut zu zahlen?
- Wie schätzt der Verbraucher das Produkt ein? Welchen Ruf hat ein Produkt?
- Welche Wertigkeit hat der Preis? Bei Investitionsgütern sind Qualität, Kapazität und Leistung häufig wichtiger als der Preis.
- Mit welcher Dringlichkeit soll ein Bedürfnis befriedigt werden?
- Werden Preissenkungen als Qualitätsverlust gewertet?

Einfluss der Anbieter auf die Preisbildung

Kosten und Gewinn

Von welchen Zielsetzungen lassen sich die Anbieter leiten? Mit dem Verkaufspreis möchten sie die Kosten decken und einen zufrieden stellenden Gewinn erwirtschaften. Als Preisuntergrenze sind somit die **Kosten** anzusehen. Die Höhe der Kosten hängt besonders vom Grad der Kapazitätsauslastung ab. Sind noch freie Kapazitäten verfügbar, so können die Produzenten ihr Angebot bei abnehmenden Stückkosten erhöhen. Der Anteil der fixen Kosten kann bei einer höheren Produktion auf eine größere Gütermenge umgelegt werden. Die Stückkosten sinken also mit steigender Produktion.

1 Güter, die sich bei der Bedürfnisbefriedigung durch andere ersetzen lassen (z. B. Butter durch Margarine).

Höhere Preise garantieren den Anbietern in diesem Fall **zusätzliche Gewinne**. Bei Erreichen der Kapazitätsgrenze entstehen allerdings im Verhältnis zur Ausbringung überproportional steigende Kosten: Der Verschleiß von Anlagen führt zu höheren Betriebskosten und zu häufigeren Reparaturen, für Arbeitnehmer müssen Überstundenzuschläge bezahlt werden usw. Die erzielten Stückgewinne werden mit jeder zusätzlich produzierten Mengeneinheit immer geringer.

Solange die Anbieter zusätzliche Erträge erwirtschaften können, die über die zusätzlichen, durch die Mehrproduktion verursachten Kosten hinausgehen, werden sie ihr Güterangebot erhöhen. Je höher der Preis ist, desto größer ist die Angebotsmenge, die einen größtmöglichen Gewinn gewährleistet.

Produktgestaltung

Auch die Produktgestaltung spielt eine Rolle bei der Preisbildung. Die Produzenten versuchen mit der Konzeption eines Erzeugnisses den Erwartungen der Verbraucher zu entsprechen. Darüber hinaus versucht man durch Weiter- und Neuentwicklung von Produkten weitere Nachfrage zu erzeugen und somit die Möglichkeit zu schaffen, auch das Angebot zu steigern. Haben die Anbieter einen Einfluss auf den Marktpreis, so können Maßnahmen der Produktgestaltung Preismaßnahmen verdecken:

- Statt Preissenkungen wird die Qualität eines Erzeugnisses verbessert.
- Von indirekten Preiserhöhungen sprechen wir, wenn für ein Erzeugnis der Packungsinhalt bei gleich bleibendem Preis reduziert wird.
- Ein Erzeugnis wird in verschiedener Aufmachung (als eigene Firmenmarke und als Handelsmarke) zu unterschiedlichen Preisen verkauft.

Weitere Möglichkeiten, Preispolitik zu betreiben, betreffen die Preisdifferenzierung.

Preisdifferenzierung

Unter Preisdifferenzierung verstehen wir den Verkauf von Gütern gleicher Qualität zu unterschiedlichen Preisen.

räumlich

- Die **räumliche Preisdifferenzierung:** Für ein gleiches Produkt werden in verschiedenen, voneinander klar abgegrenzten **Absatzgebieten** unterschiedliche Preise verlangt. Da nach der gesetzlichen Regelung der Käufer die Fracht bezahlt, muss die Preisdifferenz größer als die Frachtkosten sein, wenn sie absatzpolitisch wirksam sein soll.

Räumliche Preisdifferenzierung kommt vor
- bei **Einführung** eines neuen Erzeugnisses,
- bei gezielten Aktionen zur **Intensivierung des Absatzes** in einem Gebiet,
- beim **Export**, wenn ein unterschiedliches Kaufkraftniveau berücksichtigt wird,
- beim so genannten **Dumping**. Hier werden Erzeugnisse oft unter ihren Selbstkosten verkauft. Die Absicht des exportorientierten Betriebs ist es, Devisen zu erhalten bzw. sich Zutritt zu einem Markt zu verschaffen.

zeitlich

- **Die zeitliche Preisdifferenzierung:** Für ein gleiches Produkt werden je nach der zeitlichen Nachfrage unterschiedliche Preise verlangt. Sie kommt vor
  - zum **Ausgleich saisonaler, wöchentlicher oder täglicher Nachfragerhythmen** (z. B. Fernsprechtarife: Feierabendtarif; Nachtstrom; Ölpreise im Sommer),
  - zum **Ausgleich konjunktureller Schwankungen.** So nehmen manche Betriebe im Konjunkturtief die Preise zurück, um die Nachfrage zu erhöhen.

  Förderungswürdige Branchen werden oft in Zeiten schlechter Konjunktur durch staatliche Subventionen unterstützt.

Kostenrechnung

BEISPIEL: Entwicklung der Ölpreise, der Preise für landwirtschaftliche Erzeugnisse.

mengenmäßig

- Die **Preisdifferenzierung nach Abnahmemengen:** Abnehmer größerer Mengen bekommen **Mengenrabatte** eingeräumt, die häufig gestaffelt sind.

nach Abnehmergruppen

- Die **Preisdifferenzierung nach Abnehmergruppen:** Von verschiedenen Käufern werden unterschiedliche Preise für ein gleiches Gut gefordert.

BEISPIEL: Haushalte bezahlen einen anderen Strompreis als Industriebetriebe, Alkohol ist für die Produktion von Getränken teurer als bei anderweitiger Verwendung usw.

3.5 Langfristige und kurzfristige Preisuntergrenze

Die Preisbildung kann nicht alleine Aufgabe der Kostenrechnung sein, sondern gehört grundsätzlich in den Bereich der Absatzpolitik. Zudem sind durch Angebot und Nachfrage enge Grenzen festgelegt.

LZ 3.7
langfristige Preisuntergrenze

Dennoch kann die Kostenrechnung den Punkt bestimmen, an dem bestimmte Kosten nicht mehr durch Erlöse gedeckt werden. Da das Bestreben eines Unternehmens grundsätzlich darin besteht, den gesamten Werteverzehr (Kosten) vom Markt durch Erlöse mindestens erstattet zu bekommen, liegt die langfristige Preisuntergrenze **(PUG 1)** auf der Höhe der Gesamtkosten und verändert sich entsprechend der Beschäftigung.

LZ 3.6
kurzfristige Preisuntergrenze

Kurzfristig kann es jedoch angebracht sein, auch diese Schwelle zu unterschreiten, um etwa seinen Marktanteil zu erweitern oder zu halten. Die unterste Grenze liegt jedoch dort, wo die variablen Kosten gerade noch gedeckt werden **(PUG 2)**. Wird unter diesen Bedingungen produziert, sind die Fixkosten nicht mehr gedeckt. Diese ungedeckten Fixkosten führen bei dem jeweiligen Produkt zu einem Verlust, sodass dieser Preis nicht lange gehalten werden kann.

Weiter nach unten mit dem Preis kann man nicht mehr gehen (von Ausnahmen, auf die hier nicht eingegangen wird, abgesehen), denn die Einstellung der Produktion ist billiger als weiterzuproduzieren. Praktische Anwendung findet die Bestimmung der Preisuntergrenze immer dann, wenn Entscheidungen über eine Auftragsannahme bei gegebenem Preis zu treffen sind.

Preisuntergrenze (PUG)

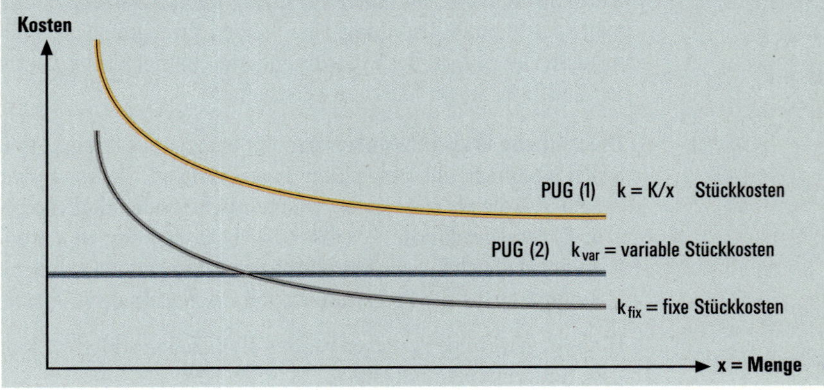

Kostenrechnung

BEISPIEL: LZ 3.6

Die variablen Stückkosten eines Produktes liegen bei 50,00 €, die fixen Kosten betragen 20,00 €/Stück. Es ergeben sich folgende Preisuntergrenzen:

Bei der kurzfristigen Preisuntergrenze wird auf eine Deckung der fixen Kosten (Deckungsbeitrag) verzichtet.

variable Stückkosten	50,00 €	
fixe Stückkosten.........	0,00 €	(Deckungsbeitrag)
Marktpreis	50,00 €	

Das Produkt wird kurzfristig zu 50,00 € angeboten.

LZ 3.7

Auf lange Sicht muss die Preisuntergrenze so weit angehoben werden, dass auch die fixen Kosten gedeckt sind (langfristige Preisuntergrenze).

variable Stückkosten	50,00 €	
fixe Stückkosten	20,00 €	(Deckungsbeitrag)
Marktpreis	70,00 €	

Zu diesem Preis sind die Gesamtkosten gedeckt, ein Gewinn ergibt sich nicht.

4 Deckungsbeitragsrechnung

4.1 Vorgehensweise der Deckungsbeitragsrechnung

LZ 3.9

Wie bereits ausgeführt wurde, muss nicht jeder Verkaufspreis die gesamten Kosten eines Erzeugnisses (Vollkosten) decken. Bei der **Deckungsbeitragsrechnung** geht man davon aus, dass der Verkaufspreis eines Erzeugnisses mindestens die von diesem Erzeugnis direkt verursachten (variablen) Kosten decken muss.

Jeder über diese Preisuntergrenze hinausgehende Betrag liefert einen Beitrag (Deckungsbeitrag) zur Abdeckung der **fixen** Kosten. Sind die fixen Kosten bereits durch die Deckungsbeiträge anderer Erzeugnisse beglichen, so bedeutet jeder zusätzlich erzielte Deckungsbeitrag Gewinn. Dieses Kalkulationsverfahren macht es also notwendig, die Kosten nach fixen und variablen Bestandteilen zu trennen.

Das folgende Schaubild soll nun die Vorgehensweise der Deckungsbeitragsrechnung verdeutlichen.

Vorgehensweise

1. Kostenaufspaltung

Gesamtkosten

fixe Kosten | variable Kosten

LZ 3.8

2. Bildung von Deckungsbeiträgen

Verkaufspreis – variable Kosten = Deckungsbeitrag

LZ 3.10

3. Ermittlung des Betriebsergebnisses

Summe der Deckungsbeiträge = Bruttoerfolg	–	fixe Kosten	=	Gewinn/Verlust

BEISPIEL:
LZ 3.8

Der Verkaufspreis eines Fahrrades beträgt 500,00 €.
Die Materialkosten pro Fahrrad betragen 150,00 €.

Der Deckungsbeitrag berechnet sich folgendermaßen:

Verkaufserlös je Stück	500,00 €
– variable Kosten je Stück ..	150,00 €
Deckungsbeitrag	350,00 €

Die Vorgehensweise der Deckungsbeitragsrechnung soll nun konkret an einem Zahlenbeispiel aufgezeigt werden.

BEISPIEL 1:
LZ 3.10

1. Kostenaufspaltung

Die Fixkosten der Planungsperiode betragen 300.000,00 €.

Die folgende Tabelle zeigt die Absatzmenge, die variablen Kosten und die Preise der Produkte.

Produktart	A	B	C
Menge (Stück/Periode)	10 000	20 000	20 000
variable Kosten (€/Stück)	80,00	50,00	30,00
Preis (€/Stück)	100,00	55,00	40,00

2. Ermittlung der Deckungsbeiträge

Produktart	A	B	C
Preis (€/Stück)	100,00	55,00	40,00
– variable Kosten (€/Stück)	80,00	50,00	30,00
= Deckungsbeitrag/Stück in €	20,00	5,00	10,00
· Menge (Stück/Periode)	10 000	20 000	20 000
= Deckungsbeitrag je Produktart = Bruttoerfolg	200.000,00 €	100.000,00 €	200.000,00 €

Die Differenz zwischen dem Verkaufserlös und den variablen Kosten ist zunächst der Bruttoerfolg. Ein Gewinn kann erst dann entstehen, wenn damit die „Deckung" der fixen Kosten gelungen ist. Ob dies der Fall ist, hängt zum einen vom Verkaufspreis, zum anderen aber von der Ausbringungsmenge ab.

LZ 3.10

Jeder positive Deckungsbeitrag trägt zur Verbesserung des Gesamtergebnisses bei, egal, wie hoch die Ausbringungsmenge ist.

3. Ermittlung des Betriebsergebnisses

Gesamtdeckungsbeitrag = Bruttoerfolg	500.000,00 €
– Fixkosten	300.000,00 €
Gewinn	200.000,00 €

Fixkostenverrechnung

Bei der Vollkostenrechnung muss zur Bildung von Zuschlagssätzen zwangsläufig eine bestimmte Beschäftigung festgelegt werden. Ändert sich diese, so reflektieren die Zuschlagssätze nicht mehr die tatsächlich angefallenen Kosten. Die Teilkostenrechnung dagegen übernimmt die Fixkosten bei jedem Beschäftigungsgrad en bloc zur Ermittlung des Ergebnisses.

Bei der angenommenen Beschäftigung in obigem Beispiel beträgt der Zuschlag für die Fixkosten auf die variablen Kosten 12,5 %.

$$\frac{\text{fixe Gesamtkosten} \cdot 100}{\text{variable Gesamtkosten}}$$

$$\frac{300.000 \cdot 100}{(80 \cdot 10\,000) + (50 \cdot 20\,000) + (30 \cdot 20\,000)} = 12{,}5\ \%$$

4.2 Mehrstufige Deckungsbeitragsrechnung

Eine Erweiterung erfährt die Deckungsbeitragsrechnung dadurch, dass nicht nur ein einziger Fixkostenblock von allen Produkten gedeckt, sondern dieser weiter aufgespaltet wird. Dies wird immer dann zweckmäßig sein, wenn die direkte Zuordnung von fixen Kosten zwar nicht auf die einzelnen Produkte, aber auf Produktgruppen möglich ist (z. B. benötigen einige Produkte bei der Herstellung einen speziellen Arbeitsgang auf einer besonderen Maschine, andere nicht).

BEISPIEL 2: **mehrstufige Deckungsbeitragsrechnung**

Produktart	A	B	C	D
Verkaufspreis in €	10,00	12,00	14,00	8,00
– variable Stückkosten in €	8,00	9,00	10,00	5,00
= Deckungsbeitrag je Stück in €	2,00	3,00	4,00	3,00
· Produktions- bzw. Absatzmenge	1 000	800	600	1 200
= Bruttoerfolg Stufe I (DB I)	2.000,00	2.400,00	2.400,00	3.600,00
– fixe Kosten für Produkt A + B	3.000,00			
= Bruttoerfolg Stufe II (DB II)	1.400,00		2.400,00	3.600,00
Bruttoerfolg gesamt	7.400,00			
– unternehmensfixe Kosten	5.000,00			
= Gewinn	+ 2.400,00			

Kostenrechnung

Da bei allen Produkten sowohl der DB I als auch der DB II positiv ist, werden alle Produkte A – D produziert und angeboten.

BEISPIEL 3:

einstufige Deckungsbeitragsrechnung

Einfache Deckungsbeitragsrechnung

Produktart	A	B	C	D
Verkaufspreis in €	9,00	10,00	14,00	8,00
– variable Stückkosten in €	8,00	9,00	10,00	5,00
= Deckungsbeitrag je Stück in €	1,00	1,00	4,00	3,00
· Produktions- bzw. Absatzmenge	1 000	800	600	1 200
= Bruttoerfolg DB	1.000,00	800,00	2.400,00	3.600,00
Bruttoerfolg gesamt	7.800,00			
– fixe Kosten gesamt	8.000,00			
= Verlust	– 200,00			

mehrstufige Deckungsbeitragsrechnung

Mehrstufige Deckungsbeitragsrechnung

Produktart	A	B	C	D
Verkaufspreis in €	9,00	10,00	14,00	8,00
– variable Stückkosten in €	8,00	9,00	10,00	5,00
= Deckungsbeitrag je Stück in €	1,00	1,00	4,00	3,00
· Produktions- bzw. Absatzmenge	1 000	800	600	1 200
= Bruttoerfolg Stufe I (DB I)	1.000,00	800,00	2.400,00	3.600,00
– fixe Kosten für Produkt A + B	3.000,00			
= Bruttoerfolg Stufe II (DB II)	– 1.200,00		2.400,00	3.600,00
Bruttoerfolg (ohne A + B)	6.000,00			
– unternehmensfixe Kosten	5.000,00			
= Gewinn	+ 1.000,00			

Bei der einfachen DB-Rechnung ergeben sich für alle Produkte positive Deckungsbeiträge, sodass die Entscheidung lautet alle Produkte zu fertigen. Bei der mehrstufigen DB-Rechnung ist erkennbar, dass der DB II für die Produkte A und B negativ ist. Wenn diese beiden Produkte nicht mehr gefertigt werden, fallen auch die fixen Kosten für die Spezialmaschine weg und damit ist das Betriebsergebnis höher.

4.3 Anwendung der Deckungsbeitragsrechnung

4.3.1 Freie Kapazitäten

LZ 3.11

Ist ein Unternehmen nicht ausgelastet, so fallen dennoch fixe Kosten z. B. für Miete, Löhne usw. an, auch wenn es nicht produziert. Wenn es dem Unternehmen nicht gelingt, die Auslastung zu verbessern, ist der Erfolg des Unternehmens im Extremfall gefährdet. Wird dem Unternehmen nun ein Auftrag angeboten, liefert die Deckungsbeitragsrechnung die Entscheidungsgrundlage, ob es wirtschaftlich sinnvoll ist, den Auftrag anzunehmen oder abzulehnen.

Liegt der Preis für einen angebotenen Auftrag unter dem Deckungsbeitrag (fixe Stückkosten), so ist es nicht möglich, durch die erzielbaren Erlöse die zusätzlichen Kosten zu decken. Durch die Annahme des Auftrages würde sich die Erfolgssituation des Unternehmens verschlechtern. Es wäre wirtschaftlich nicht vertretbar, einen solchen Auftrag anzunehmen.

Bei einem positiven Deckungsbeitrag und freien Kapazitäten ist es dagegen wirtschaftlich sinnvoll, den Auftrag anzunehmen, da dieser einen Beitrag zur Deckung der fixen Kosten leistet, die ja unabhängig von der Auslastung des Unternehmens anfallen.

Je größer die freien Kapazitäten im Unternehmen sind, umso attraktiver sind auch Aufträge mit nur einem geringen Deckungsbeitrag.

Somit kann das Unternehmen geringere Preise kalkulieren, um dadurch einen zusätzlichen Auftrag zu erhalten.

Bei mehreren angebotenen Aufträgen mit unterschiedlichen Deckungsbeiträgen, von denen aber nicht alle aus Kapazitätsgründen angenommen werden können, ist der Auftrag mit dem höchsten Deckungsbeitrag anzunehmen.

Kostenrechnung

Hat ein Unternehmen die Möglichkeit, mehrere Produkte auf ein und derselben Anlage herzustellen, ohne dass dabei größere Veränderungen vorgenommen werden müssen, so steht es vor der Entscheidung, welche Produkte herzustellen sind.

keine Kapazitätsbeschränkungen

Die Deckungsbeitragsrechnung kann dafür Dispositionsgrundlagen schaffen, da sie nur die variablen Kosten pro Produkt ermittelt. Der Vergleich des Absatzpreises mit den variablen Kosten gibt Aufschluss über die Höhe des Deckungsbeitrags. Daraus ergibt sich konsequenterweise, dass diejenigen Produkte hergestellt werden, deren Deckungsbeiträge positiv sind. Voraussetzung dafür ist jedoch, dass die vom Markt bestimmte Absatzmenge jeweils in vollem Umfang hergestellt werden kann. Diese Notwendigkeit von freien Kapazitäten dürfte aber in den wenigsten Fällen in der Praxis gegeben sein. Sehr oft dürften Engpässe die erforderliche Produktion behindern.

4.3.2 Bestimmung des Produktionsprogramms bei Kapazitätsbeschränkungen

BEISPIEL 4:

Die Gesamtkapazität der Maschine, auf der die Produkte A, B und C in der 3. Fertigungsstufe bearbeitet werden, beträgt 10 000 Fertigungsminuten. In der Fertigungsstufe 1 und 2 stehen jeweils 20 000 Fertigungsminuten zur Verfügung. Die folgende Tabelle gibt weitere Aufschlüsse über Fertigung und Absatz der Produkte.

absolute Deckungsbeiträge

Entscheidung mithilfe des absoluten Deckungsbeitrages				
Produktart	A	B	C	gesamt
Fertigungsminuten je Fertigungsstufe pro Mengeneinheit	20	15	30	
maximal absetzbare Menge (Stück)	300	500	150	
Deckungsbeitrag pro Stück in €	35,00	30,00	50,00	
benötigte Kapazität in Fertigungsminuten bei maximaler Absatzmenge	6 000	7 500	4 500	18 000
Reihenfolge anhand des absoluten Deckungsbeitrags	2	3	1	
beanspruchte Kapazität	5 500	0	4 500	10 000
Fertigungsprogramm	275	0	150	
Deckungsbeitrag je Produkt	9.625,00	0	7.500,00	17.125,00

relative Deckungsbeiträge

Entscheidung mithilfe des relativen Deckungsbeitrages				
Produktart	A	B	C	gesamt
Fertigungsminuten je Fertigungsstufe pro Mengeneinheit	20	15	30	
maximal absetzbare Menge (Stück)	300	500	150	
Deckungsbeitrag pro Stück in €	35,00	30,00	50,00	
benötigte Kapazität in Fertigungsminuten bei maximaler Absatzmenge	6 000	7 500	4 500	18 000
relativer Deckungsbeitrag = Deckungsbeitrag je Fertigungsminute	1,75	2,00	1,67	
Reihenfolge anhand des relativen Deckungsbeitrags	2	1	3	
beanspruchte Kapazität	2 500	7 500	0	10 000
Fertigungsprogramm	125	500	0	
Deckungsbeitrag je Produkt	4.375,00	15.000,00	0	19.375,00

Würde man jetzt eine Entscheidung nach den „absoluten“ Deckungsbeiträgen treffen, so müssten 150 Stück von Produkt C und 275 Stück von Produkt A produziert werden. Der gesamte Deckungsbeitrag beliefe sich hier auf **17.125,00 €**.

Rechnet man jedoch mit „relativen“ Deckungsbeiträgen, d. h., ermittelt man die Deckungsbeiträge je Fertigungsminute für jedes Produkt bei der Einpassmaschine, so ergibt sich eine andere Reihenfolge bzw. ein anderes Fertigungsprogramm. Das Fertigungsprogramm lautet jetzt Herstellung von 500 Stück Produkt B und 125 Stück von Produkt A. Der gesamte Deckungsbeitrag beträgt hier **19.375,00 €** und ist somit um 2.250.00 € oder 13 % höher als der oben errechnete.

Entscheidungsrelevanz

Dies bedeutet somit: Liegt ein Kapazitätsengpass vor, so sind nicht mehr die „absoluten“, sondern die „relativen“ Deckungsbeiträge entscheidungsrelevant.

In der Praxis liegt jedoch häufiger nicht nur ein Kapazitätsengpass vor. In solchen Fällen, in denen mehrere Engpässe vorliegen, ist die Grenze der Deckungsbeitragsrechnung erreicht.

Der Grund liegt darin, dass die optimale Planung des einen Bereichs in der Regel nicht mit der eines anderen Bereichs zu vereinbaren ist. Lösungen dieses Problems sind hier nur mithilfe der linearen Programmierung zu erhalten.

4.3.3 Produkteliminierung

Wenn mehrere Deckungsbeitragsstufen gebildet werden – durch die Aufteilung der Fixkosten (erweiterte Deckungsbeitragsrechnung) – können bestimmte Produkte, die zwar bei einer einstufigen Rechnung einen positiven Deckungsbeitrag liefern, aus dem Programm genommen werden, wenn sie den ihnen zugeordneten Fixkostenblock nicht mehr decken können. Wird ihre Produktion eingestellt, so entstehen auch deren Fixkosten nicht.

4.3.4 Eigenfertigung – Fremdbezug

Auch hier muss dem Fremdbezugspreis der variable Kostenanteil bei der Selbsterzeugung entgegengesetzt werden. Würden die Selbstkosten zur Entscheidung herangezogen, so wäre das Ergebnis immer dann fehlerhaft, wenn keine Fixkosten durch den Fremdbezug abgebaut werden können.

Kostenrechnung

BEISPIEL 5: Für ein Produkt gelten bei Eigenfertigung folgende Werte:

Produktionsmenge	500 Stück
Erlöse	16.500,00 €
Deckungsbeitrag	8.500,00 €
Gesamtkosten	16.000,00 €

Bei Fremdbezug kostet eine Einheit 20,00 € plus 5,00 € an Einkaufsnebenkosten.

Entscheiden Sie sich für Eigenfertigung oder Fremdbezug bei

a) Vollkostenrechnung,

b) Teilkostenrechnung?

LÖSUNG:

a) Vollkostenrechnung:
Gesamtkosten = Fixkosten + variable Kosten
Gesamtkosten/x = 16.000/500 = 32,00 € Kosten pro Stück
32,00 € > 25,00 € ➔ Fremdbezug vorteilhaft
Annahme: Fixkosten entfallen.

b) Teilkostenrechnung:
Erlöse = 16.500,00 €
Erlös pro Stück = 16.500/500 = 33,00 €
DB = 8.500,00 €
DB pro Stück = 8.500/500 = 17,00 €
variable Gesamtkosten = 16.500,00 € - 8.500,00 € = 8.000,00 €
variable Stückkosten = 8.000/500 = 16,00 €
16,00 € < 25,00 € ➔ Eigenfertigung vorteilhaft
Annahme: Fixkosten entfallen nicht.

4.3.5 Preispolitik

LZ 3.12

Die Kenntnis der Deckungsbeiträge pro Produkt versetzt das Unternehmen in die Lage, Preispolitik zu betreiben.

So kann ein Unternehmen z. B. Preisnachlässe anbieten, um einen zusätzlichen Auftrag zu bekommen, aber auch, um den Absatz seiner Produkte zu steigern, solange noch ein positiver Deckungsbeitrag erzielt werden kann.

BEISPIEL 6:

Produktart	A	B – F	G
Deckungsbeitrag je Stück in €	30,00	30,00	50,00
Absatzmenge in Stück	500	5 000	1 000
Bruttoerfolg je Produkt in €	15.000,00	150.000,00	50.000,00
Bruttoerfolg gesamt in €	215.000,00		

Absatzpolitik

Ziel soll es sein, den Absatz des Produkts A von 500 Stück auf 1 000 Stück zu steigern. Um dieses Ziel zu erreichen, soll der Preis um 20,00 €/Stück gesenkt werden. Außerdem sollte der Bruttoerfolg in Höhe von 215.000,00 € insgesamt gehalten werden. Die Frage lautet nun: Um wie viel € müsste der Preis von Produkt G verändert werden, um das angestrebte Ziel, den Absatz bei Produkt A auf 1 000 Stück – bei unverändertem Bruttoerfolg – zu steigern, erreichen zu können?

Produktart	A	B – F	G
Deckungsbeitrag je Stück in €	10,00	30,00	55,00
Absatzmenge in Stück	1 000	5 000	1 000
Bruttoerfolg je Produkt in €	10.000,00	150.000,00	55.000,00
Bruttoerfolg gesamt in €	215.000,00		

Solche Überlegungen können nur dann angestellt werden, wenn entsprechende Informationen der Teilkostenrechnung zur Verfügung stehen.

Auswirkungen auf den Markt

Allerdings ergeben sich durch die Preispolitik Auswirkungen auf den Markt. In der Regel führt ein höherer Preis zu einer geringeren Nachfrage bzw. ein geringerer Preis zu einer höheren Nachfrage. Dadurch lässt sich der Absatz steigern. Es können sich aber auch negative Effekte ergeben.

Eine Preissenkung kann dazu führen, dass Mitbewerber ihre Preise ebenfalls senken, was Einfluss auf die eigenen Absatzmengen hat. Möglicherweise kann der Mitbewerber den geringeren Preis länger anbieten, sodass sich langfristig nicht mehr der ursprüngliche höhere Preis erzielen lässt. Bei einer sehr knappen deckungsbeitragsorientierten Kalkulation (wie z. B. bei Discountern) müssen langfristig hohe Absatzmengen erzielt werden, damit auch tatsächlich die Fixkosten des Betriebes gedeckt werden können.

LZ 3.13
kurzfristige Kalkulation

Kurzfristig hat die Deckungsbeitragsrechnung für die Kalkulation die entscheidende Bedeutung, dass der Unternehmer den Mindestpreis seiner Produkte kennt, bei dem ein positiver Beitrag zum Betriebsergebnis (Deckungbeitrag größer als 0), bzw. kein Verlust (Deckungbeitrag = 0) erzielt werden kann. Insofern liefert die Deckungsbeitragsrechnung gute Anhaltspunkte für kurzfristige Kalkulationen bei vorübergehend freien Kapazitäten, wie z. B. bei zusätzlichen Aufträgen zur Kapazitätsauslastung oder Preissenkungen bei Absatzschwierigkeiten.

LZ 3.14 **langfristige Kalkulation**

Langfristig kommt der Deckungsbeitragsrechnung für die Kalkulation keine Bedeutung zu, da es dem Unternehmen gelingen muss, auch vollständig die fixen Kosten zu decken. Ansonsten kann kein ausreichender Gewinn erzielt werden. Mithilfe der Deckungsbeitragsrechnung ist keine langfristige Kalkulation eines Angebotspreises möglich, da die Stückfixkosten ebenso wenig bekannt sind wie die zurechenbaren Gemeinkosten.

5 Kostenstellenrechnung

Innerhalb der Kostenartenrechnung werden die Kosten erfasst und nach Kostenarten gegliedert. Im nächsten Schritt werden die Kosten den Betriebsbereichen zugeordnet, in denen sie angefallen sind. Es ist eine der Hauptaufgaben der Kostenrechnung, die Kosten, soweit dies möglich ist, den erzeugten Produkten verursachungsgerecht zuzuordnen. Für einen Teil der Kosten ist dies problemlos möglich. Die übrigen Kosten können nicht direkt oder gar nicht den Kostenträgern zugeordnet werden. Die Kostenstellenrechnung versucht Konzepte zu entwickeln, die eine vertretbare Zuordnung ermöglichen. Die Kostenstellenrechnung ist das Bindeglied zwischen Kostenarten- und Kostenträgerrechnung:

LZ 4

Kostenarten-rechnung →	Kostenstellen-rechnung →	Kostenträger-rechnung
Welche Kosten fallen an? In welcher Höhe?	Wo sind die Kosten entstanden? In welcher Höhe?	Wofür wurden die Kosten aufgewendet? Für welche betrieblichen Leistungen? In welcher Höhe?

Ein Teil der Kosten steht mit dem Kostenträger und seiner Herstellung in einem unmittelbaren Zusammenhang. Die Zuordnung auf den Kostenträger ist aufgrund der Fertigungsunterlagen (Fertigungsmaterial laut Stückliste oder Materialentnahmeschein, Fertigungslohn laut Arbeitsplan) als **Einzelkosten** zweifelsfrei möglich. Die Planung und die Kontrolle solcher Kosten sind einfach. In ihrer Höhe hängen sie von der Größe des Fertigungsauftrages ab. Anders ist es bei den **Gemeinkosten**. Sie fallen für mehrere Kostenträger an und stehen nicht unbedingt in einem Zusammenhang mit dem Kostenträger. Diese Kosten werden dem Kostenträger über die Kostenstellenrechnung zugerechnet. Als Hilfsmittel kommen z. B. in Betracht:

Einzelkosten

Gemeinkosten

- Kostensätze für eine Zeiteinheit (wie bei der Maschinenstundensatzrechnung).
- Die Gemeinkosten werden über Prozentzuschlagsätze auf die Einzelkosten verrechnet (vgl. 5.3.4).

Nun ist zu klären, welche Aufgaben die Kostenstellenrechnung erfüllt.

5.1 Aufgaben der Kostenstellenrechnung

LZ 4.1

Die Kostenstellenrechnung verteilt die Kosten auf die Orte ihrer Entstehung.

Das Instrument für die Realisierung der Kostenverteilung ist der Betriebsabrechnungsbogen (BAB). Die Kostenrechnung erfüllt dabei folgende Aufgaben:

LZ 4.1

- Es werden die **Leistungsbeziehungen** innerhalb eines Unternehmens sichtbar:
  - Welcher Betriebsbereich erstellt betriebliche Leistungen?
  - Welche Kosten fallen an?
  - In welcher Höhe?
  - In welchem Verhältnis stehen Kosten und Leistungen zueinander?
- Eine **Wirtschaftlichkeitskontrolle** ist dann möglich, wenn die Kosten an der Stelle erfasst werden, wo sie entstehen und wo sie auch verantwortet werden müssen. Die Kostenkontrolle vergleicht die Kosten im Zeitablauf:
  - Welche Kosten entstanden früher in dieser Kostenstelle und welche Kosten entstehen heute?
  - Was sind die Ursachen für Abweichungen?
  - Welchen Einfluss haben Veränderungen wie Rationalisierungsmaßnahmen und Preisänderungen auf die Kosten (z. B. Lohnerhöhungen, Änderungen der Zinssätze, Preisschwankungen bei der Materialbeschaffung usw.)?

Die Kostenkontrolle nimmt auch einen Vergleich der Entwicklung in verschiedenen Kostenstellen vor. Werden Kosten als **Planwerte** (Kostenbudgets) vorgegeben, sind **Soll-Ist-Vergleiche** erforderlich. Für Kostenabweichungen sind Erklärungen zu suchen.

LZ 4.1

- **Vorbereitung der Kostenträgerrechnung:** Mit der Verteilung der Gemeinkosten auf die Kostenstellen strebt man deren möglichst genaue Zuordnung auf die Kostenträger an. Kennt man die Kosten der einzelnen Stellen, so können sie auf die Produkte umgerechnet werden. Diese Kosten bilden die Grundlage für eine kostengerechte Preiskalkulation. Die Umlage erfolgt auf der Basis der Beanspruchung der Kostenstellen durch das Erzeugnis.

Die Einzelkosten können den erzeugten Produkten direkt zugerechnet werden. Die Gemeinkosten sind den Erzeugnissen nicht direkt zuordenbar. Sie werden deshalb dort erfasst, wo sie entstanden sind – in den Kostenstellen. Von da aus sind sie in dem Maß den Kostenträgern zuzurechnen, wie diese die Kostenstelle beansprucht haben.

- **Informationsgrundlage für die Kostenplanung:** Die Kostenrechnung stellt Informationen zur Kostenplanung in den Prozessaufgaben der Beschaffung, der Leistungserstellung und der Vermarktung bereit. Sie bilden die Basis z. B. für folgende Entscheidungen:

a) Beschaffung:
- Entscheidung über Eigenfertigung oder Fremdbezug,
- Festlegung der Bestellmengen,
- Lieferantenauswahl,
- Festlegung von Preisobergrenzen für Bestellgüter usw.

b) Leistungserstellung:
- Bestimmung der Losgrößen,
- Bestimmung der Fertigungsverfahren,
- Entscheidung über Arbeitsverfahren (Schweißen, Löten, Nieten oder Verschrauben),
- Entscheidung über den Einsatz von Maschinen und von Werkzeugen usw.

c) **Vermarktung:**
   - Festlegung von Preisuntergrenzen,
   - Auswahl von Absatzmittlern und von Absatzhelfern,
   - Auswahl der Werbemittel und der Werbeträger,
   - Bestimmung der Breite und Tiefe des Verkaufsprogramms usw.

Die Kostenplanung legt im Rahmen des Controllings Kostenbudgets für Kostenstellen fest, die ohne berechtigte Gründe nicht überschritten werden dürfen. Während für die Zwecke der Kostenträgerrechnung die Gemeinkosten auf die Kostenstellen verteilt werden, erfolgt zum Zwecke der Budgetierung oft auch eine Umlage der Einzelkosten auf die Kostenstellen. Zur besseren Unterscheidung zum Betriebsabrechnungsbogen bezeichnet man dieses Planungsmittel als Kostenstellenbogen.

5.2 Die Einteilung von Kostenstellen

Die konkrete Einteilung von Kostenstellen ist abhängig von einer Reihe von betriebsspezifischen Faktoren wie der Betriebsgröße, der Branche, dem Produktionsprogramm und den -verfahren, der organisatorischen Gliederung und der angestrebten Genauigkeit der Kalkulation.

Gesichtspunkte

Die Bildung von Kostenstellen kann nach verschiedenen **Gesichtspunkten** erfolgen:

- **Bildung nach Verantwortungsbereichen:** Die Abgrenzung der Kostenstelle ist durch den Umfang des Verantwortungsbereiches (z. B. der Abteilung, einer Werkstatt) bestimmt. Bei diesem Kriterium steht die Aufgabe der Kostenverantwortung und der Kostenkontrolle im Vordergrund. Der Kostenstellenleiter (z. B. der Meister) verantwortet die Höhe der Kosten in seiner Kostenstelle.
- **Bildung nach Funktionen:** Gleiche betriebliche Funktionen sind zu einer Kostenstelle zusammengefasst. Hier steht das Ziel einer verursachungsgerechten Verteilung der Gemeinkosten auf die Kostenstellen im Vordergrund.

BEISPIELE:

Materialbereich:	Einkauf, Lager, Eingangsprüfung, Rechnungsprüfung
Fertigungsbereich:	Fertigungsplanung, -steuerung, Disposition, Werkstätten
Verwaltungsbereich:	Buchhaltung, Personalabteilung, Leitung, Finanzabteilung
Vertriebsbereich:	Auftragsabwicklung (Verkauf), Werbung, Lager, Versand

- **Bildung nach räumlichen Gesichtspunkten:** Ein abgegrenzter Raum (z. B. ein Büro) wird als Kostenstelle behandelt. In der Praxis werden Maschinenarbeitsplätze als Kostenstelle eingerichtet, wenn ihre jeweilige Kostenbelastung stark unterschiedlich ist. Auch bei diesem Prinzip der Bildung von Kostenstellen steht die verursachungsgerechte Verrechnung der Gemeinkosten im Vordergrund.
- **Bildung nach verrechnungstechnischen Gesichtspunkten:** Kostenstellen werden gebildet, um eine einfache und rationelle Zurechnung der Gemeinkosten zu ermöglichen. Mit diesem Kriterium erfährt die Kostenrechnung eine wichtige Verfeinerung. Nach Art der Abrechnung kann man **Hilfskostenstellen (Vorkostenstellen)** und **Hauptkostenstellen (Endkostenstellen)** unterscheiden. Als Hauptkostenstellen werden Kostenstellen bezeichnet, die ihre Kosten nicht auf andere Kostenstellen, sondern mithilfe von Zuschlagssätzen direkt auf die Kostenträger verrechnen. Für diese wird also ein eigener Zuschlags- bzw. Verrechnungssatz gebildet. Sie sind maßgeblich und unmittelbar an der Erstellung der zum Absatz bestimmten Kostenträger beteiligt.

Hilfskostenstellen dienen nur mittelbar der Herstellung der zum Verkauf bestimmten Endprodukte (Kostenträger). Sie verrechnen ihre Kosten nicht auf die Kostenträger, sondern erst auf andere (Hilfs- oder Haupt-)Kostenstellen. Sie erstellen folglich innerbetriebliche Leistungen, die intern verrechnet werden müssen. Insofern existiert für sie auch kein eigener Zuschlagssatz für das Endprodukt, sondern für die Leistungen dieser Kostenstellen müssen innerbetriebliche Verrechnungssätze ermittelt werden (sog. innerbetriebliche Leistungsverrechnung). Als Beispiele können Reparaturwerkstätten, Energiekostenstellen, Kantinen dienen.

Bei der Kostenstellenbildung können mehrere Prinzipien gleichzeitig angewandt werden und sich überlagern.

5.3 Betriebsabrechnungsbogen (BAB)

LZ 4.2

Wichtigstes Hilfsmittel der Kostenstellenrechnung ist der Betriebsabrechnungsbogen (kurz BAB genannt), ein tabellarisch-statistischer Kostensammelbogen. Dort werden **zeilenweise** die unterschiedlichen **Kostenarten** und in den **Spalten** die **Kostenstellen** (zweckmäßigerweise in der Reihenfolge des Leistungsflusses) aufgeführt. Der BAB ist das meistverbreitete Instrument zur Durchführung der Kostenstellenrechnung und zur Vorbereitung der Kostenträgerrechnung.

BEISPIEL:

Betriebsabrechnungsbogen (BAB), Beträge in T€ gerundet

Kostenstellen / Kostenarten	Summe Gemeinkosten	Allgem. Kostenstelle Gebäudeverwaltung	Fertigungsbereich		Verwaltung	Vertrieb
			Werkstätten	Montage		
1. Hilfslöhne	5.400	100	2.600	2.200	200	300
2. Gehälter	3.600	400	800	600	1.000	800
3. Sozialkosten	4.500	250	1.700	1.400	600	550
4. Hilfsstoffe	8.200	100	5.900	1.900	100	200
5. Betriebsstoffe	1.000		600	300		100
6. Abschreibungen	3.800	800	1.300	1.200	200	300
7. Zinsen	2.500	300	1.100	800	100	200
8. Reparaturen	1.000	50	400	300	100	150
Summe Gemeinkosten	30.000	2.000	14.400	8.700	2.300	2.600

Aufbau des BAB

Im BAB werden in horizontaler Ebene die Kostenstellen angeordnet. In der vertikalen Ebene werden die Gemeinkosten aus der Kostenartenrechnung übernommen.

In der Regel gibt man in einer weiteren Vorspalte die Grundlage für die Kostenverteilung an. Werden im Anschluss auch noch die Einzelkosten aufgeführt und verteilt, so dient dann dieses Instrument zuerst der Kostenplanung und der Kostenkontrolle, also dem Controlling.

5.3.1 Funktionen des Betriebsabrechnungsbogens

LZ 4.2
Hauptaufgaben

Der BAB dient hauptsächlich folgenden Aufgaben:

- Verursachungsgerechte Verteilung der Gemeinkosten auf die Kostenstellen,
- Verechnung der angefallenen Gemeinkosten zwischen den einzelnen Kostenstellen,
- Ableitung der Gemeinkostenzuschlagssätze für die Kostenträgerrechnung.

Die Gemeinkosten sollen nach dem Verursachungsprinzip auf die Kostenstellen verteilt werden.

Die drei Hauptaufgaben des BAB sind letztlich Ausdruck der Kostenverteilungsproblematik:

- Zuerst werden die Gemeinkosten den Kostenstellen zugeordnet.
- Dann sind die Kosten der Hilfskostenstellen und die des allgemeinen Bereiches auf die Endkostenstellen umzulegen.
- Schließlich werden die Kosten der Endkostenstellen auf die Kostenträger verrechnet.

innerbetriebliche Leistungsverrechnung

Bei der **innerbetrieblichen Leistungsverrechnung** handelt es sich um die exakte Verrechnung von Kosten in der Kostenstellenrechnung. Der Betrieb erstellt nicht nur Leistungen, die für den Markt bestimmt sind, sondern auch solche, die er selbst nutzt. Sofern es sich dabei um solche Leistungen handelt, die in der Bilanz aktivierbar sind, wie z. B. Maschinen, stellen diese selbst einen Kostenträger dar. Ist das nicht der Fall, müssen die anfallenden Kosten sofort weiterverrechnet werden. Die Schwierigkeit der exakten Leistungsverrechung resultiert aus dem ständigen Leistungsaustausch der beteiligten Kostenstellen des Betriebes, sodass eine genaue Zurechnung der Kosten sehr aufwändig ist.

LZ 4.3

Der Zweck der innerbetrieblichen Leistungsverrechnung besteht in einer perioden- und verursachungsgerechten Kostenverteilung. Ohne exakte innerbetriebliche Leistungsverrechung ist eine genaue Ermittlung der Selbstkosten und damit der Grundlage für die Preiskalkulation der für den Markt bestimmten Kostenträger (Produkte oder Dienstleistungen) nicht möglich.

5.3.2 Verteilung der Gemeinkosten

Für die Erstellung des BAB sind zwei Kostenkategorien zu unterscheiden:

- **Primärkosten** und **Sekundärkosten**,
- **Stelleneinzel**- und **Stellengemeinkosten**.

Primärkosten

Primärkosten entstehen durch den Verbrauch von Produktionsfaktoren, die extern, d. h. von außen, aus dem Markt bezogen wurden. Die in der Kostenartenrechnung erfassten Kosten sind durchweg Primärkosten.

Primärkosten entstehen durch den Verbrauch von Gütern, die vom Markt bezogen wurden.

Sekundärkosten

Sekundärkosten entstehen beim Verbrauch von Leistungen, die der Betrieb – intern – selbst erstellt hat. Es handelt sich also um **interne Leistungen**. Beispiele dafür sind: Verbrauch von Werkzeugen aus eigener Fertigung, Leistungen des betriebsärztlichen Dienstes, Leistungen der Betriebskantine.

Kostenrechnung

Sekundärkosten entstehen durch den Verbrauch von innerbetrieblich erbrachten Leistungen.

Stellen-einzelkosten

Stelleneinzelkosten sind Gemeinkosten, die sich aufgrund ihrer Entstehung eindeutig einer Kostenstelle unmittelbar zuordnen lassen (direkte Zuordnung). Gehälter gehören organisatorisch einer bestimmten Kostenstelle an. Gemeinkostenmaterial wird der entnehmenden Kostenstelle angelastet. Der Wasserverbrauch und der Energieverbrauch werden in jeder Kostenstelle mit Wasser- und Stromzähler gemessen. Durch die Angabe der Kostenstelle auf den Kostenbelegen wird ein großer Teil der Gemeinkosten ohne allzu großen Aufwand verursachergerecht zugeordnet. Dies macht man besonders bei Kosten, die genau kontrolliert werden sollen, weil Verantwortliche zweifelsfrei zu identifizieren sind (Kopierkosten, Telefonkosten).

Stelleneinzelkosten sind zwar Gemeinkosten, können aber auf der Grundlage von Belegen oder von Messgeräten der verbrauchenden Kostenstelle direkt zugeordnet werden.

BEISPIELE:

Verteilungsgrundlagen für Stelleneinzelkosten

Kostenart	Verteilungsgrundlage
Hilfsstoffkosten	Materialentnahmescheine
Betriebsstoffkosten	Entnahmescheine, Stromzähler, Gasuhren
Fremdreparaturkosten	Rechnungen
Gehälter	Gehaltslisten, Angabe der Kostenstelle auf den Lohnscheinen
Hilfslöhne	Lohnlisten, Lohnscheine, Stempelkarten
kalkulatorische Abschreibungen	Wiederbeschaffungswerte, kalkulatorische Restwerte
kalkulatorische Zinsen	gebundenes Kapital der Kostenstellen

Stellen-gemeinkosten

Bei **Stellengemeinkosten** lässt sich eine konkrete Beziehung zwischen der verbrauchenden Kostenstelle und der Kostenart nicht eindeutig bestimmen. Oft ist auch eine verursachungsgerechte Erfassung technisch zwar möglich, sie ist dann aber aus wirtschaftlichen Gründen zu aufwendig. In solchen Fällen verzichtet man auf eine direkte Erfassung und rechnet sie dann mithilfe von Schlüsseln auf die Kostenstellen um. Man verzichtet z. B. bei Energiekosten auf die teure Installation von Stromzählern und verteilt diese Kosten im Verhältnis der Leuchtkörper, Heizkosten nach installierten Heizkörpereinrichtungen. Die damit verbundene Ungenauigkeit der Kostenumlage nimmt man aus wirtschaftlichen Gründen in Kauf. Stellengemeinkosten werden auch als **Schlüsselkosten** bezeichnet.

Schlüsselkosten

Man unterscheidet grundsätzlich **Wertschlüssel** und **Mengenschlüssel**. Wertschlüssel können u. a. sein: Kostengrößen, wie z. B. Löhne, Gehälter, Kosten für das Fertigungsmaterial, Herstell- oder Selbstkosten; Bestandswerte, wie z. B. der Wert des Umlaufvermögens und der Anlagen. Mengenschlüssel können sein: Fertigungs-, Maschinen- und Rüststunden, verbrauchte, transportierte, produzierte oder abgesetzte Mengen nach Anzahl, Gewicht, Fläche oder Rauminhalt; Schichtzahlen oder Kalenderzeiten.

Stellengemeinkosten werden mit Hilfsgrößen auf die Kostenstellen umgelegt.

BEISPIELE:

- **Mietkosten:** Fläche in m^2
- **Heizkosten:** Fläche in m^2, Raumgröße in m^3, Zahl der Heizkörper
- **freiwillige Sozialkosten:** Lohn- und Gehaltssumme
- **gesetzliche Sozialkosten:** Lohn- und Gehaltssumme
- **öffentliche Abgaben:** Anzahl der Beschäftigten

Sind die Primärkosten verteilt, so werden sie addiert und in einer Summenzeile ausgewiesen.

Die Verteilung der Sekundärkosten ist im Rahmen des mehrstufigen BAB zu betrachten.

5.3.3 Mehrstufiger Betriebsabrechnungsbogen

Orientiert man sich an den bereits dargelegten Gesichtspunkten zur Kostenstellenbildung, dann wird folgender Grundtyp des BAB sichtbar:

Kostenstellen / Kostenarten	Verteilungsgrundlage	Materialstelle	Fertigungsstelle	Verwaltungsstelle	Vertriebsstelle

Für die Zwecke der Kostenrechnung eines mittleren oder gar eines größeren Industriebetriebes ist diese grobe Einteilung völlig unzureichend. Deshalb wird durch die Bildung weiterer Kostenstellen der BAB verfeinert:

Hilfskostenstellen und Hauptkostenstellen

- **Hilfskostenstellen** geben ihre Kosten an andere Kostenstellen ab; sie werden auch als Vorkostenstellen bezeichnet. Die in einer Hilfskostenstelle erfassten Kosten werden vor der Berechnung der Gemeinkostenzuschlagssätze auf die Hauptkostenstellen umgelegt.
- **Hauptkostenstellen** verrechnen ihre Gemeinkosten an die Kostenträger.

Die Hilfskostenstellen gliedern sich in **allgemeine Hilfskostenstellen** und in **besondere Hilfskostenstellen.**

allgemeine Kostenstellen

Die **allgemeinen Kostenstellen** üben Tätigkeiten aus, die dem Gesamtbetrieb dienen. Ihre Leistungen werden von allen anderen Kostenstellen in Anspruch genommen. Deshalb wird die Summe ihrer Kosten zuerst auf alle anderen Kostenstellen anteilig umgelegt. Hierher gehören z. B. die Gebäudeverwaltung, die Stromversorgung, der Betriebsarzt, die Kantine, die Betriebsfeuerwehr und das innerbetriebliche Transportwesen. Die **besonderen Hilfskostenstellen** geben ihre Gemeinkosten nur an bestimmte Hauptkostenstellen, für die sie erbracht wurden, weiter. Es sind dies hauptsächlich Kostenstellen im Bereich der Fertigung (Fertigungshilfskostenstellen). Hierher gehören z. B. das Lohnbüro, die Arbeitsvorbereitung (Fertigungsplanung und Fertigungssteuerung, in der Regel die Disposition), der Modellbau, der Werkzeugbau und die Lehrwerkstatt.

besondere Hilfskostenstellen

Hauptkostenstellen

Hauptkostenstellen sind die Materialstellen, die Fertigungsstellen, die Verwaltungsstellen und die Vertriebsstellen. Manchmal – so bei Technologiebetrieben – gehören auch

Entwicklungsstellen dazu. Allen Hauptkostenstellen ist gemeinsam, dass sie ihre Leistungen **nicht** für andere Kostenstellen, sondern für die Kostenträger erbringen.

innerbetriebliche Leistungen

Ein besonderes Problem bei der Aufstellung eines mehrstufigen BAB ist die Behandlung der **innerbetrieblichen Leistungen**. Die Verrechnung solcher Leistungen ist notwendig, weil der Betrieb neben seinen zu vermarktenden Leistungen auch solche Leistungen erbringt, die er im Rahmen des Produktionsprozesses selbst verbraucht. Solche Leistungen werden innerbetriebliche Leistungen, interne Leistungen oder Eigenleistungen genannt. **Aktivierbare Eigenleistungen** (wie selbst erstellte Gebäude, Maschinen oder Werkzeuge) stellen für die Kostenrechnung kein besonderes Problem dar. Vielmehr werden sie aktiviert und über ihre Nutzungsdauer genau wie fremd erstellte Anlagen abgeschrieben. Abschreibungen und kalkulatorische Zinsen belasten dann die nutzende Kostenstelle.

Nicht aktivierbare Eigenleistungen liegen vor, wenn interne Leistungen während der Periode, in der sie erstellt wurden, auch wieder verbraucht worden sind. Beispiele treten vor allem beim allgemeinen Bereich auf, wie Fuhrpark, Gebäudemanagement, Stromerzeugung usw. Beim Verbrauch dieser sekundären Gemeinkosten muss eine sofortige Verrechnung zwischen den leistenden und den empfangenden Kostenstellen stattfinden. Mit anderen Worten: Die Kosten der Hilfskostenstellen sind entsprechend ihrer Inanspruchnahme zu verteilen. Das besondere Problem der innerbetrieblichen Leistungsverrechnung liegt darin, dass die Hilfskostenstellen auch untereinander Leistungen tauschen. Eine Hilfskostenstelle kann ihre Leistungen nicht kalkulieren und verrechnen, wenn sie nicht weiß, mit welchen sekundären Gemeinkosten sie noch belastet wird. Umgekehrt können die anderen Hilfskostenstellen ihre Leistungen erst dann abrechnen, wenn sie die sekundären Gemeinkosten kennen, die ihnen von anderen Hilfskostenstellen auferlegt werden.

Stufenleiterverfahren

Zur Verrechnung der innerbetrieblichen Leistungen wurde eine Vielzahl von Rechenverfahren entwickelt, die je nach Eigenart des Betriebes Anwendung finden. Hier wird nur das einfache **Stufenleiterverfahren** verwendet. Dabei werden die sekundären Gemeinkosten stufenweise in eine Richtung umgelegt. Das zuerst zu lösende Problem ist, festzulegen, mit welcher Kostenstelle zu beginnen ist und welche Reihenfolge dann einzuhalten ist.

BEISPIEL:

Zusammenfassendes Beispiel zur Erstellung eines mehrstufigen BAB:

Vorgegeben sind die Ergebnisse der Kostenartenrechnung und die Verteilungsgrundlagen:

Kostenarten	Betrag in €	Verteilungsgrundlagen
Hilfs- und Betriebsstoffkosten	42.045,00 €	Entnahmescheine
Gemeinkostenlöhne, Gehälter	82.000,00 €	Lohn- und Gehaltslisten
Stromkosten	11.000,00 €	verbauchte KWh
Abschreibungen	20.000,00 €	Anlagendatei
Sozialkosten	16.000,00 €	Kopfzahlen
Heizkosten	9.000,00 €	Anzahl der Heizkörper
Abgaben	18.000,00 €	Kopfzahlen

Bevor die Primärkosten in den BAB übernommen werden können, ist die Kostenumlage der Stelleneinzelkosten und der Stellengemeinkosten mit ihren Schlüsseln in Nebenrechnungen vorzunehmen.

Stelleneinzelkosten:
Stromkosten: Gesamtverbrauch 55 000 Kilowattstunden
Kosten pro KWh = 11.000 : 55 000 = 0,20 €/KWh

Daraus ergeben sich für die einzelnen Kostenstellen je nach ihrem KWh-Verbrauch folgende Anteile:

Allgemeine Kostenstelle:	5 000 KWh =	1.000,00 €
Materialstelle:	2 500 KWh =	500,00 €
Fetigungshilfsstelle:	2 500 KWh =	500,00 €
Fertigungshauptstellen:	30 000 KWh =	6.000,00 €
Verwaltungsbereich:	10 000 KWh =	2.000,00 €
Vertriebsbereich:	5 000 KWh =	1.000,00 €
Summe:	55 000 KWh =	11.000,00 €

Stellengemeinkosten:
Sozialkosten: Freiwillige Sozialkosten (Kosten für die Werkskantine, Bücherei, Kosten für die Altersversorgung) werden nach Kopfzahlen der Beschäftigten in den einzelnen Kostenstellen verteilt.

Beschäftigte:	Allgemeine Kostenstelle	10 Personen
	Materialstelle	10 Personen
	Fertigungshilfsstelle	10 Personen
	Fertigungshauptstellen	100 Personen
	Verwaltungsbereich	15 Personen
	Vertriebsbereich	15 Personen

Es ergibt sich ein Kostenschlüssel von 1 : 1 : 1 : 10 : 1,5 : 1,5 = 16 Teile (1 Teil 1.000,00 €). Die den Teilen entsprechenden €-Beträge sind in den BAB zu übernehmen.

Heizkosten: Sie werden nach der Anzahl der in den Kostenstellen installierten Heizkörper verteilt.

Abgaben werden aus Vereinfachungsgründen nach der Beschäftigtenzahl umgelegt.

Nach der Umlage der Gemeinkosten und der Summenbildung in den Kostenstellen stehen die **Primärkosten pro Kostenstelle** fest. Im nächsten Bearbeitungsschritt erfolgt die Umlage der **Sekundärkosten**. Für unser Beispiel heißt dies, dass zuerst die allgemeine Kostenstelle und danach die Fertigungshilfsstelle verrechnet werden.

Allgemeine Kostenstelle: Die Summe der Kosten beträgt laut BAB 18.000,00 €. In den verbleibenden Kostenstellen sind 150 Personen beschäftigt, die 10 Beschäftigten des allgemeinen Bereiches zählen ja nicht mehr mit. 1 Teil entspricht also 1.200,00 €.

Fertigungshilfsstellen: Die Primärkosten der Hilfskostenstellen betragen laut BAB 18.275,00 €. Dazu kommen noch 1.200,00 € Sekundärkosten aus der Umlage der Fertigungshilfsstellen. Damit sind 19.475,00 € auf die Fertigungshauptstelle zu übernehmen.

Nach der Gesamtsummenbildung sind alle Gemeinkosten auf die Endkostenstellen umgelegt. Damit sind die Voraussetzungen für die betrieblichen Aufgaben Kostenplanung und Kostenkontrolle geschaffen. Die Summen der Endkostenstellen werden nun für die Kostenträgerrechnung zur Berechnung der Gemeinkostenzuschlagssätze benötigt.

Kostenrechnung

Kostenarten	Zahlen der Kostenarten-rechnung €	Verteilungs-grundlagen	Allgemeine Kostenstelle €	Material €	Fertigungs-hilfsstelle €	Fertigung €	Verwaltung €	Vertrieb €
Hilfs- und Betriebsstoffe	42.045,00	Materialent-nahmescheine	3.775,00	1.125,00	5.000,00	24.875,00	3.667,50	3.602,50
Hilfslöhne u. Gehälter	82.000,,00	Lohn- und Gehaltslisten	8.200,00	8.200,00	8.200,00	32.800,00	12.300,00	12.300,00
Strom	11.000,00	Kilowattstd.	1.000,00	500,00	500,00	6.000,00	2.000,00	1.000,00
Abschreibungen	20.000,00	Anlagendatei	2.000,00	2.000,00	2.000,00	10.000,00	3.000,00	1.000,00
Freiwillige Sozialkosten	16.000,00	Anzahl der Beschäftigten	1.000,00	1.000,00	1.000,00	10.000,00	1.500,00	1.500,00
Heizung	9.000,00	Anzahl der Heizkörper	900,00	1.350,00	450,00	3.600,00	1.800,00	900,00
Öffentliche Abgaben	18.000,00	Anzahl der Beschäftigten	1.125,00	1.125,00	1.125,00	11.250,00	1.687,50	1.687,50
Summe der Gemeinkosten	198.045,00		18.000,00	15.300,00	18.275,00	98.525,00	25.955,00	21.990,00
Umlegen der allgemeinen Kostenstelle		1 : 1 : 10 : 1,5 : 1,5	→	1.200,00	1.200,00	12.000,00	1.800,00	1.800,00
Summe der Gemeinkosten	198.045,00			16.500,00	19.475,00	110.525,00	27.755,00	23.790,00
Umlegen der Fertigungs-hilfsstellen					→	19.475,00		
Summe der Gemeinkosten				16.500,00		130.000,00	27.755,00	23.790,00

Einzelkosten: Rohstoffkosten = 150.000,00 €   Fertigungslöhne = 100.000,00 €

Herstell- und Selbstkosten der Periode

Ermittlung der Herstellkosten und der Selbstkosten einer Periode:

Nun lassen sich mithilfe der Einzelkosten und der Gemeinkosten pro Endkostenstelle die **Herstellkosten** und die **Selbstkosten** für den **Zeitraum** ermitteln, für den der BAB erstellt wurde. Dabei wird gleich das Kalkulationsschema der Kostenträgerrechnung sichtbar:

Materialeinzelkosten (Fertigungsmaterial)	150.000,00 €	
+ Materialgemeinkosten	16.500,00 €	
Materialkosten der Periode		166.500,00 €
Fertigungseinzelkosten (Fertigungslöhne)	100.000,00 €	
+ Fertigungsgemeinkosten	130.000,00 €	
Fertigungskosten der Periode		230.000,00 €
Herstellkosten der Periode		396.500,00 €
+ Verwaltungsgemeinkosten		27.755,00 €
+ Vertriebsgemeinkosten		23.790,00 €
Selbstkosten der Periode		448.045,00 €

Tatsächlich treten neben Fertigungsmaterial und Fertigungslöhnen weitere Einzelkosten auf. Es handelt sich dann um Einzelkosten, die nur in besonderen Fällen im Bereich der Fertigung und des Vertriebs auftreten. Sie heißen deshalb auch **Sondereinzelkosten der Fertigung** und **Sondereinzelkosten des Vertriebs.**

Sondereinzelkosten

BEISPIELE:

Sondereinzelkosten der Fertigung:
- Lizenzgebühren
- Modellkosten
- Kosten für Spezialwerkzeuge

Sondereinzelkosten des Vertriebs:
- Verkaufsprovisionen
- Kosten für Spezialverpackungen

Diese beiden Einzelkostenarten sind den Fertigungskosten der Periode und den Vertriebskosten klar zuordenbar, werden aber nicht in die Bezugsgröße für die Berechnung der Gemeinkostenzuschlagssätze einbezogen. Das Kalkulationsschema zur Berechnung der Selbstkosten der Periode wird geringfügig modifiziert und sieht dann unter Einbeziehung von 2.600,00 € Lizenzgebühren und von 2.400,00 € Vertreterprovisionen wie folgt aus:

Materialeinzelkosten (Fertigungsmaterial)	150.000,00 €	
+ Materialgemeinkosten	16.500,00 €	
Materialkosten der Periode		166.500,00 €
Fertigungseinzelkosten (Fertigungslöhne)	100.000,00 €	
+ Fertigungsgemeinkosten	130.000,00 €	
+ Sondereinzelkosten der Fertigung	2.600,00 €	
Fertigungskosten der Periode		232.600,00 €
Herstellkosten der Periode		399.100,00 €
+ Verwaltungsgemeinkosten		27.755,00 €
+ Vertriebsgemeinkosten		23.790,00 €
+ Sondereinzelkosten des Vertriebs		2.400,00 €
Selbstkosten der Periode		453.045,00 €

Kostenrechnung

5.3.4 Bildung von Zuschlagssätzen für die Kostenträgerrechnung

Das zentrale Problem bei der Bildung von Gemeinkostenzuschlagssätzen für die Kalkulation ist die Bestimmmung der Bezugsgrößen für die Gemeinkosten einer Kostenstelle.

Diese Bezugsgrößen sollen möglichst

- verursachungsgemäße Beziehungen zu den Gemeinkosten der Endkostenstellen aufweisen und
- möglichst linear abhängig von den Fertigungsmengen sein.

Zuschlagssatz für die Materialgemeinkosten:

Für den Materialbereich unterstellt man, dass die Höhe der anfallenden Gemeinkosten abhängig ist von der Menge des verbrauchten Fertigungsmaterials. Der Materialgemeinkostenzuschlagssatz wird daher als Prozentsatz der Materialeinzelkosten ermittelt.

MGKZ

$$\textbf{Materialgemeinkostenzuschlagssatz} = \frac{\textbf{Materialgemeinkosten}}{\textbf{Materialeinzelkosten}} \cdot 100$$

Für das obige Beispiel gilt:

Materialgemeinkosten	=	16.500,00 €
Verbrauch an Fertigungsmaterial	=	150.000,00 €
Materialgemeinkostenzuschlagssatz	=	11 %

Zuschlagssatz für die Fertigungsgemeinkosten:

Für die Fertigungsgemeinkosten wird für lohnintensive Betriebe ein Zusammenhang zwischen der Höhe der Einzelkosten Fertigungslöhne und den entstehenden Fertigungsgemeinkosten unterstellt. Der Fertigungsgemeinkostenzuschlagssatz wird dann als Prozentsatz der Fertigungslohnkosten dargestellt.

FGKZ

$$\textbf{Fertigungsgemeinkostenzuschlagssatz} = \frac{\textbf{Fertigungsgemeinkosten}}{\textbf{Fertigungslöhne}} \cdot 100$$

Für unser Beispiel gilt:

Fertigungsgemeinkosten	=	130.000,00 €
Fertigungslöhne	=	100.000,00 €
Fertigungsgemeinkostenzuschlagssatz	=	130 %

In stark mechanisierten bzw. automatisierten Betrieben entstehen sehr hohe Gemeinkosten und nur relativ niedrige Fertigungslöhne. Die so sich errechnenden Zuschlagssätze sind wegen ihrer Höhe für die Kalkulation nicht brauchbar. Diese Betriebe rechnen dann ihre Fertigungsgemeinkosten auf Zeiteinheiten um (z. B. zu Maschinenstundensätzen bzw. Gemeinkostensätzen pro Minute).

Zuschlagssatz für die Verwaltungsgemeinkosten:

Während es für die Zurechnung der Gemeinkosten der Material- und der Fertigungsstellen Einzelkosten gibt, die eine logische Bezugsgröße darstellen, gibt es eine solche weder für die Verwaltungsgemeinkosten noch für die Vertriebsgemeinkosten. Deshalb ist nach einer Zurechnungsbasis zu suchen, die für die Ermittlung der Selbstkosten geeignet ist. Die Betriebswirtschaftslehre unterstellt eine Abhängigkeit der Verwaltungsgemeinkosten von der Höhe der Herstellkosten. Man drückt also die Verwaltungsgemeinkosten als Prozentsatz der Herstellkosten der Rechnungsperiode aus:

VwGKZ

$$\text{Verwaltungsgemeinkostenzuschlagssatz} = \frac{\text{Verwaltungsgemeinkosten}}{\text{Herstellkosten der Periode}} \cdot 100$$

Für das Leitbeispiel gilt:

Herstellkosten der Periode	=	396.500,00 €
Verwaltungsgemeinkosten	=	27.755,00 €
Verwaltungsgemeinkostenzuschlagssatz	=	7 %

Zuschlagssatz für die Vertriebsgemeinkosten:

Herstellkosten des Umsatzes

Bei der Suche nach einer geeigneten Basis für die Zurechnung der Vertriebsgemeinkosten geht man davon aus, dass sich die Bemühungen der Vermarktung der Erzeugnisse auf die verkaufte Produktmenge und nicht auf die produzierte Menge beziehen. Genauer gesagt: Die Bezugsgröße für die Vertriebsgemeinkosten sind die **Herstellkosten des Umsatzes.** Hilfsweise werden vereinzelt (und unkorrekt) die Vertriebsgemeinkosten auch als Prozentsatz der Herstellkosten der Erzeugung ausgedrückt. In unserem Beispiel lägen sie dann bei 6 %.

Bestandsveränderungen

Die Einbeziehung von **Bestandsveränderungen**[1]: Das Leitbeispiel geht davon aus, dass alle in der Periode erzeugten Produkte auch verkauft wurden. In der Wirklichkeit kommt dies außerordentlich selten vor. Nur ein Stromerzeuger setzt den gesamten erzeugten Strom ab, da dieser sich wirtschaftlich nicht in großen Mengen speichern, d. h. in Vorrat halten lässt.

Bestandsmehrungen: Ist der Bestand an Fertigerzeugnissen am Ende einer Rechnungsperiode höher als zu Beginn, dann wurde mehr produziert als verkauft. Es hat eine Bestandsmehrung stattgefunden. Die Kosten für die Erzeugung dieses Mehrbestandes sind von den Herstellkosten der Produktion abzuziehen, wenn man die Herstellkosten der verkauften Menge wissen will. Es hat also in dieser Höhe eine Investition in den Lagerbestand gegeben.

Herstellkosten der Periode („der produzierten Erzeugnisse")
abzüglich Bestandsmehrung an Fertigerzeugnissen
= Herstellkosten des Umsatzes („der verkauften Erzeugnisse")

Bestandsminderungen: Ist der Bestand an Fertigerzeugnissen am Ende einer Rechnungsperiode niedriger als am Anfang der Periode, so wurde mehr verkauft als erzeugt. Es hat eine Desinvestition im Lager gegeben. Lagerbestände wurden „versilbert". Will man die Herstellkosten der verkauften Menge wissen, so sind die Kosten für die Erzeugung dieses Minderbestandes zu addieren. Dieser Mindestbestand ist in einer früheren Rechnungsperiode produziert worden, seine Kosten wurden in dieser Periode im BAB abgerechnet.

Herstellkosten der Periode
zuzüglich Bestandsminderung an Fertigerzeugnissen
= Herstellkosten des Umsatzes („der verkauften Erzeugnisse")

1 Diese sind am Ende der Rechnungsperiode bekannt.

Kostenrechnung

VtGKZ

$$\text{Zuschlagssatz für Vertriebsgemeinkosten} = \frac{\text{Vertriebsgemeinkosten}}{\text{Herstellkosten des Umsatzes}} \cdot 100$$

Für das Leitbeispiel gilt:

Bei einer Bestandsminderung von 7.930,00 € ergibt sich ein Vertriebsgemeinkostenzuschlagssatz von 5,88 % und bei einer Bestandsmehrung (auch von 7.930,00 €) von 6,26 %.

Bestandsminderungen und Bestandsmehrungen bei unfertigen Erzeugnissen werden genauso behandelt wie die bei den Fertigerzeugnissen.

5.3.5 Bedeutung des BAB für die Kostenträgerrechnung

Eine Aufgabe des BAB ist es, Zuschlagssätze für die Kalkulation bereitzustellen. Großbetriebe und Mittelbetriebe stellen den BAB nicht jährlich – etwa in Zusammenhang mit buchhalterischen Abschlüssen – auf, sondern sie machen dies in kürzeren Abständen, in der Regel monatlich. Es ist leicht ersichtlich, dass der Betrieb seine Kalkulationsgrundlagen nicht in so kurzen Zeitabständen ändert. Die Kunden würden laufende Preisänderungen auch nicht verstehen. Außerdem können die monatlich festgestellten Zuschlagssätze zusammen mit der Kapazitätsauslastung deutlichen Schwankungen unterliegen. Deshalb dienen die im BAB festgestellten Istzuschlagssätze der **Kontrolle** und der **Ableitung von Normalgemeinkostenzuschlagssätzen.** Diese gelten für eine als „normal" angesehene Kapazitätsauslastung und werden über einen längeren Zeitraum festgeschrieben. Dies bedeutet, dass die in den Kundenpreisen enthaltenen Normalgemeinkosten von den tatsächlich im BAB festgestellten Istgemeinkosten abweichen. Diese Kostenabweichungen werden zuweilen auch im BAB festgehalten. Übersteigen die Normalgemeinkosten die tatsächlichen Istgemeinkosten, so tritt eine **Überdeckung** auf. Der Betrieb vereinnahmt dann von seinen Kunden höhere Gemeinkosten, als tatsächlich angefallen sind. Umgekehrt: Sind die Normalkosten niedriger als die Istgemeinkosten, so entsteht eine **Unterdeckung**. Der Betrieb erlöst die tatsächlich aufgetretenen Gemeinkosten durch seine Verkaufspreise nicht.

Normalgemeinkostenzuschlagssätze

Kostenrechnung

BEISPIEL:

Im Leitbeispiel betrugen die Istgemeinkosten der Fertigungsstellen 130.000,00 € oder 130 %. Beträgt der Normalgemeinkostenzuschlagssatz 128 %, so entsteht in der Rechnungsperiode eine Unterdeckung in Höhe von 2.000,00 €.

6 Kostenrechnung im Profit Center

6.1 Zielsetzung des Profit Center

LZ 5.1

Ein Profit Center stellt eine managementorientierte, der Steuerung des Unternehmens dienende Organisationseinheit dar, die sich durch eine große Marktnähe auszeichnet.

Die Bildung von Profit Centern erfolgte erstmals in solchen Großbetrieben, die in der betrieblichen Steuerung besonders unübersichtlich waren. In der Betriebsabrechnung dieser Unternehmen war es schwierig, herauszufinden, welche Betriebsteile Erträge erwirtschafteten und welche nicht.

Die Bildung von Profit Centern führt zu klar nach Ergebnis- und Verantwortungsbereichen gegliederten Unternehmen.

Beabsichtigt ist außerdem, dass die einzelnen Zentren eine größere **Marktorientierung** aufweisen. Gewinnzentren können wohl bei allen Organisationsformen eingerichtet werden, doch kommt die **Spartenorganisation** – also die Unternehmensorganisation nach Produktbereichen (z. B. bei einem Hersteller von Elektrogeräten: Installationsmaterial, weiße Ware, braune Ware) – der Grundidee sehr nahe. Das Hauptproblem der Steuerung der Zentren ist auch bei der Spartenorganisation die Umlage der **Kosten** der Unternehmensbereiche, die eine zentrale Funktion wahrnehmen (z. B. Leitung, Planung, Controlling, Rechnungswesen, Personal). Die Zurechnung der **Erträge** ist völlig problemlos. Am ehesten entspricht die Deckungsbeitragsrechnung dem Konzept des Gewinnzentrums.

Das Gewinnzentrum ist für das Unternehmen von doppelter Bedeutung:

- Es erlaubt eine Zuordnung von Kosten und Erträgen, macht also die Quellen des betrieblichen Erfolgs deutlich und
- es ist damit ein Anreizsystem für die im Zentrum Beschäftigten zur Verwirklichung betrieblicher Ziele.

Das Profit-Center-Konzept entspricht dem Postulat der marktorientierten Unternehmensführung.

6.2 Wesen der Profit-Center-Rechnung

Die Einteilung des Unternehmens in Profit Center bildet die Grundlage des Controlling nach **Verantwortungsbereichen.** Von einfachen Kostenstellen unterscheidet sich das Profit Center dadurch, dass in den Gewinnzentren nicht nur die Kosten, sondern auch die **Erträge** zu verantworten sind. Das Unternehmen ist so konstruiert, dass

- neben der Unternehmensleitung und einzelnen Zentralabteilungen
- mehrere Gewinnzentren gebildet werden.

Der Erfolg der Profit Center wird danach beurteilt, wie groß der jeweilige Beitrag zum Gesamtergebnis ist. Die Erfolgsrechnung ist deshalb eine **Deckungsbeitragsrechnung.** In ihr erfolgt eine Trennung der Kosten nach solchen, die beeinflussbar sind, und nach solchen, die nicht zu beeinflussen sind.

Kostenrechnung

Die Steuerungsgröße für die einzelnen Profit Center ist der Deckungsbeitrag.

LZ 5.2 Vorteile

Gegenüber der Kostenstellenrechnung zeigt die Profit-Center-Rechnung folgende **Vorteile:**

- Sie stellt nicht nur auf Kosten, sondern auch auf Erträge ab.
- Sie ist als Instrument der Unternehmensleitung zur Steuerung geeignet. Dies gilt besonders dann, wenn die Vorgaben für den betrieblichen Erfolg als Anreizsystem verwendet werden.

Nachteile

Nachteilig kann gesehen werden, dass die Profit-Center-Rechnung

- keine Vollkostenrechnung darstellt,
- eine kurzfristige Erfolgsrechnung ist und für langfristige Unternehmensziele wenig Spielraum lässt.

BEISPIEL: LZ 5.4

Den Aufbau der Profit-Center-Rechnung soll ein **Beispiel** zeigen:

Ein Unternehmen ist in drei Profit Center gegliedert (A, B und C). Jedes Gewinnzentrum produziert selbst und vermarktet seine Leistungen selbst. Es bestehen noch eine gemeinsame Unternehmensleitung und einige Zentralabteilungen (Verwaltung, Gebäudebewirtschaftung, Einkauf, Personal). Es entstehen variable Kosten (z. B. Fertigungsmaterial, Gemeinkostenmaterial, Fertigungslöhne) und fixe Kosten (z. B. Abschreibungen, Mieten, Zinsen, Gehälter).

Die Analyse der Kosten und Erträge einer Rechnungsperiode ergibt folgendes Bild: (Beträge gerundet, in Mio €)

Profit Center A: Erlöse 24, Rabatte und Skonti 1, variable Kosten 14, Fixkosten des Profit Center 6

Profit Center B: Erlöse 32, Rabatte und Skonti 2, variable Kosten 21, Fixkosten des Profit Center 10

Profit Center C: Erlöse 15, Rabatte und Skonti 1, variable Kosten 8, Fixkosten des Profit Center 2

Aufgabe: Es ist der Deckungsbeitrag der Profit Center zu ermitteln.

LÖSUNG:

	Profit Center A	Profit Center B	Profit Center C
Bruttoertrag	24	32	15
– Erlösschmälerungen	1	2	1
= Nettoertrag	23	30	14
– variable Kosten	14	21	8
= Rohdeckungsbeitrag	9	9	6
– Fixkosten des Profit Center	6	10	2
= Deckungsgrad des Profit Center	3	-1	4

LZ 5.5, 5.6

Das Beispiel zeigt:

- Die Profit Center A, B und C tragen in unterschiedlichem Ausmaß zum Gesamterfolg des Unternehmens bei.
- Insgesamt dienen 6 Mio. € dazu, die Fixkosten des Gesamtunternehmens zu decken und einen angemessenen Gewinn zu erwirtschaften. Betragen die Gesamtfixkosten

LZ 5.5, 5.6

der Leitung und der Zentralabteilungen 4 Mio. €, so verbleibt ein Gewinn von 2 Mio. €.

- Die Fixkosten der Profit Center A und B sind gegenüber C unverhältnismäßig hoch. Da fixe Kosten kurzfristig nicht beeinflussbar sind, können Veränderungen nur langfristig z. B. durch Neuinvestitionen, Rationalisierungsmaßnahmen oder durch Stilllegungen von Betriebsteilen erreicht werden. Bei C sind eventuell Kostenanalysen angezeigt.
- Skonti und Rabatte werden als Erlösschmälerungen besonders erfasst, weil sie das Ergebnis der Vermarktung direkt beeinflussen.
- Die Profit Center A und B haben wesentlich höhere variable Kosten als C. Variable Kosten sind kurzfristig beeinflussbar, sie ändern sich mit der Fertigungs- bzw. Verkaufsmenge. Hängen die höheren Erlöse von A und B gegenüber C mit einer größeren Verkaufsmenge und nicht nur mit im Vergleich höheren Preisen der Produkte zusammen, so kann dies eine Erklärung für die Höhe der variablen Kosten sein.

6.3 Beurteilung der Profit-Center-Rechnung

Die Beurteilung des betrieblichen Erfolgs im Profit Center erfolgt zum einen als eine kurzfristige Erfolgsrechnung, zum anderen sind Einschätzungen aufgrund der üblichen Controlling-Kennzahlen möglich.

6.3.1 Profit-Center-Rechnung als kurzfristige Erfolgsrechnung

Die Erfassung des Deckungsbeitrags ist eng mit der Verantwortung der Ergebnisse durch die Leitungspersonen gebunden. Dabei ist darauf zu achten, dass der Verantwortungsbereich deckungsgleich ist mit den Ebenen der Erfolgsrechnung. Einige **Beispiele** sollen dies verdeutlichen:

LZ 5.3

- Die Verantwortlichkeit für den Umsatz wird eingeschränkt, wenn die die Leistungserstellung nicht durch den Profit-Center selbst erfolgte. Für die Qualität des Produktes steht der Profit Center nur in dem Maße ein, in dem er einen Einfluss auf die Qualitätsgestaltung hatte.
- Wurde das Produkt von einem anderen Profit Center hergestellt, dann kommt als Problem die innerbetriebliche Leistungsverrechnung dazu. Werden innerbetriebliche Verrechungspreise z. B. zu hoch oder zu niedrig angesetzt, so werden Erträge oder Verluste zwischen den einzelnen Gewinnzentren übertragen.
- Es ist problematisch, der Leitung des Gewinnzentrums die kostenrechnerische Verantwortung für die Gebäudemiete zu übertragen, wenn die Mietverträge von der zentralen Gebäudebewirtschaftung geschlossen wurden. Anders ausgedrückt: Die Mieten gehören in diesem Fall nicht zu den Fixkosten des Profit Center, sondern zu den Fixkosten der Leitung.
- Werbekosten für Firmenwerbung sind von der Leitung zu tragen und zu verantworten, Produktwerbung vom Profit Center.
- Sind die Verantwortungsbereiche zufrieden stellend gelöst, so spielt die Profit-Center-Organisation eine große Rolle für die Motivation der Führungskräfte und für die Bewertung ihrer Leistung. Bei einer gelungenen Delegation der Aufgaben auf die nachfolgenden Ebenen der Organisation werden auch Leistungsanreize mit übertragen.

- Kritiker des Proft-Center-Gedankens bemängeln die Dominanz des kurzfristigen Denkens. Sie befürchten eine Vernachlässigung der langfristigen strategischen Ziele.

6.3.2 Controlling im Profit Center mit Kennzahlen

Das Controlling im Profit Center mithilfe der Profit-Center-Rechnung wird ergänzt durch die statistische Auswertung mit Kennziffern.

Kennzahlen

- **sind Hilfsgrößen, um Größenordnungen und Entwicklungen zu zeigen,**
- **unterstützen das Controlling,**
- **zeigen durch ihre einfache Handhabung frühzeitig Problemfelder auf.**

Kennzahlen

Kennzahl	Berechnung	Aussage
Angebotserfolg	erteilte Aufträge · 100 / abgegebene Angebote	Effizienz des Vertriebs, stimmt die Preisstellung?
Reklamationsquote	Kosten für Reklamationen · 100 / Produktumsatz	nennt problematische Produkte, zeigt Kundenunzufriedenheit, Überprüfen der Verkaufsargumente
Vertriebskosten-anteil	Vertriebskosten · 100 / Gesamtkosten	Kostenkontrolle
Marktanteil	Umsatz · 100 / Branchenumsatz	Erfolg, Marktstellung
Distributionsdichte	Zahl der Geschäfte, die das Produkt führen, · 100 / Zahl aller Geschäfte	Angebot auf Handelsebene, Maßnahmen der Verkaufsförderung
Innovationsgrad des Sortiments	Umsatz der neuen Produkte · 100 / Gesamtumsatz	Hinweis auf Lebenszyklus des Produkts
Werbekostenanteil	Werbekosten · 100 / Gesamtkosten (oder Umsatz)	Werbeintensität, Kostenkontrolle
Reichweite	Leser pro Exemplar · Auflage · 100 / Einwohner	quantitative Reichweite eines Werbeträgers
Umsatzstruktur	Umsatz je Produkt · 100 / Gesamtumsatz	Zusammensetzung des Vertriebsprogramms
Kundenstruktur	Umsatz je Kunde · 100 / Gesamtumsatz	auch für Export
Preiselastizität	Umsatzänderung · 100 / Preisänderung	Marktstellung

Themenbereich Gesellschaftsrecht

1 Rechtsformen der Unternehmen

1.1 Entscheidungskriterien für die Wahl einer Rechtsform

LZ 1.1

Die Rechtsform eines Unternehmens hat Einfluss auf die Rechtsbeziehungen im Innen- und Außenverhältnis des Unternehmens. Es gibt unterschiedliche Faktoren, die Einfluss auf die Gestaltungsmöglichkeiten des Unternehmers bzw. der Unternehmenseigentümer haben.

Bei der Wahl bzw. Änderung der Rechtsform eines Unternehmens sind folgende Faktoren zu berücksichtigen:

- Kapitalaufbringung
- Haftung
- Geschäftsführung
- Gewinn- und Verlustbeteiligung
- Publizitätszwang (Zwang zur Veröffentlichung des Jahresabschlusses)
- Erbfolgeregelung
- Steuerbelastung

Die Interessenlage der Unternehmesgründer bzw. Unternehmer ist unterschiedlich. So möchten einige ein überschaubares Risiko im Hinblick auf einen möglichen Kapitalverlust eingehen. Anderen ist z. B. die Entscheidungsbefugnis besonders wichtig. Um unterschiedlichen Interessen Rechnung zu tragen, hat der Gesetzgeber verschiedene Rechtsformen mit unterschiedlichen Merkmalen geschaffen. Aus diesen Rechtsformen kann der Unternehmer wählen, welche Rechtsform seinen Interessen entgegenkommt. Entscheidend für die Rechtsformwahl sind finanzielle, organisatorische, haftungsrechtliche und steuerrechtliche Kriterien.

1.2 Überblick über die Unternehmensformen

Rechtsformen Überblick

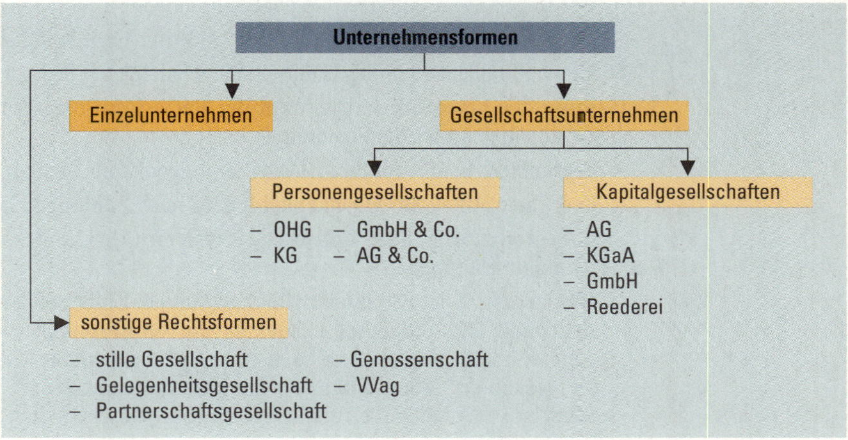

Gesellschaftsrecht

Kapitalaufbringung

Die für das Wirtschaftsleben wichtigsten Unternehmungsformen wollen wir unter den Gesichtspunkten **Kapitalaufbringung, Haftung, Geschäftsführung, Vertretung** und **Ergebnisverteilung** untersuchen.

Kapitalaufbringung

Der oder die Eigentümer haben folgende Möglichkeiten, das (Eigen-)Kapital aufzubringen:

Das Eigenkapital wird aufgebracht in Form von	Beispiele	Art der Gründung	
Barmitteln	– Bargeld – Bankguthaben – Postbankguthaben	Bargründung	qualifizierte Gründung
Sachwerten	– Grundstücke – Maschinen – Waren	Sachgründung	
Rechtswerten	– Wertpapiere – Patente – Muster – Konzessionen – Lizenzen		

Von einer qualifizierten Gründung spricht man, wenn sowohl Barwerte als auch Sach- und/oder Rechtswerte als Kapital eingebracht werden.

Haftung

Haftung

Unter Haftung versteht man das Einstehen für Verpflichtungen, die durch
- **einen Vertrag oder**
- **gesetzliche Vorschriften entstanden sind.**

Gesellschaftsrecht

Der Begriff Haftung hat mehrere Bedeutungen:

- **Haftung für die Verbindlichkeiten der Unternehmens:** Für die Gläubiger ist es wichtig,
  - wer (Eigentümer und/oder Gesellschaft)
  - in welchem Umfang (Privatvermögen und/oder Gesellschaftsvermögen)

  für die Verbindlichkeiten des Unternehmens haftet.
- **Haftung der Eigentümer:** Die Wahl der Rechtsform eines Unternehmens hängt davon ab, ob der oder die Eigentümer
  - **begrenzt,** d. h. nur mit ihrem Anteil am Eigenkapital, haften;
  - über ihren Anteil am Eigenkapital hinaus noch **Zahlungen** leisten müssen;
  - LZ 1.3 **unbegrenzt,** d. h. auch mit ihrem Privatvermögen, haften (persönliche, unbeschränkte Haftung);
  - LZ 1.2 **solidarisch,** d. h. als Gesamtschuldner, haften. Unter solidarischer Haftung versteht man, dass ein Gesellschafter für die Verpflichtungen der anderen Gesellschafter alleine einstehen muss, d. h., er haftet gegenüber Gläubigern alleine für die gesamten Verbindlichkeiten des Unternehmens. Jeder Gesellschafter muss selbst privatrechtlich die Anteile der anderen Gesellschafter an den Verbindlichkeiten einfordern.

- **Haftung der „Geschäftsführer" gegenüber der Gesellschaft:** Insbesondere bei den Kapitalgesellschaften stellt sich wegen der Trennung von Eigentum und Leitung die Frage, ob die „Geschäftsführer" für Handlungen haften, durch die der Gesellschaft ein Schaden zugefügt wurde.

Geschäftsführung und Vertretung

Geschäftsführung und Vertretung

Beide Begriffe müssen streng auseinander gehalten werden.

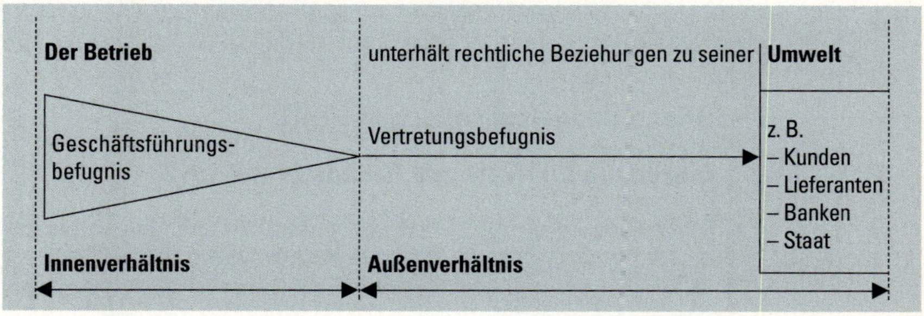

Wer z. B. mit einer Bank für einen anderen einen Darlehensvertrag abschließen will, den dieser zu tilgen hat, muss dazu berechtigt sein. Diese Berechtigung heißt **Vertretungsbefugnis.** Durch sie wird gewährleistet, dass das **Außenverhältnis rechtswirksam** gestaltet wird. Aber auch das Leben im Betrieb **(Innenverhältnis)** muss geregelt werden: Mitarbeiter werden befördert, Arbeitsaufträge werden erteilt, ein Organisationsplan wird erstellt usw. Dies bezeichnet man als **Geschäftsführungsbefugnis.** Geschäftsführungs- und Vertretungsbefugnis können auf **verschiedene Personen verteilt** werden: So ist z. B. der stellvertretende Einkaufsleiter befugt die Arbeitsgebiete unter den Sachbearbeitern aufzuteilen, das jeweils günstigste Angebot auszuwählen usw. Verträge mit den Lieferanten dagegen darf nur der Einkaufsleiter abschließen. Die gesetzlichen Regelungen für die Vertretungsbefugnisse von Gesellschaftern verschiedener Rechtsformen werden bei den jeweiligen Rechtsformen dargestellt.

1.3 Einzelunternehmen

LZ 2.1, 2.2
Einzelunternehmen

Das Einzelunternehmen ist auf seinen Eigentümer, den **Inhaber,** zugeschnitten. Er

- bringt das Kapital auf;
- haftet mit seinem eingebrachten Kapital und seinem Privatvermögen (persönlich unbeschränkt);
- verfügt über die unbegrenzte Geschäftsführungsbefugnis;
- verfügt über die unbegrenzte Vertretungsbefugnis.

Mit anderen Worten: Der Inhaber trägt allein das Risiko und die Verantwortung; er ist der „Herr im Haus". Dafür wird er durch den Unternehmerlohn entlohnt; der **Gewinn erhöht das Eigenkapital,** Verluste vermindern es. Das Einzelunternehmen ist typisch für Klein- und Mittelbetriebe. Es ist die am häufigsten gewählte Rechtsform in unserer Wirtschaft. Etwa 90 % aller Unternehmen sind Einzelunternehmen.

Die mit dem Einzelunternehmen verbundenen **Probleme** sind:

- Häufig ist die Kreditbasis schmal, da sich das Haftungskapital auf das Vermögen des Inhabers beschränkt.
- Die Wahl des Nachfolgers bereitet häufig Schwierigkeiten.

LZ 2.1, 2.2

Der Nachteil eines Einzelunternehmens liegt inbesondere in der persönlichen, unbeschränkten Haftung des Eigentümers und dem damit verbundenen Risiko

Vorteilhaft für den Eigentümer ist die alleinige Entscheidungsbefugnis sowie die alleinige Verfügungsgewalt über den Gewinn.

1.4 Offene Handelsgesellschaft (OHG)

1.4.1 Merkmale und Vor- und Nachteile der OHG

LZ 3.1

Merkmale

Gründungsaufwand	gering; der Gesellschaftsvertrag ist an keine Formvorschrift gebunden, Schriftform ist aber üblich; Eintragung in das Handelsregister ist erforderlich.
Kapitalaufbringung	durch mindestens zwei Gesellschafter
Haftung	Gesellschafter haften mit – eingebrachtem Kapital – Privatvermögen
Geschäftsführung	– gewöhnliche Geschäfte durch jeden Gesellschafter – außergewöhnliche Geschäfte durch alle Gesellschafter
Vertretung (LZ 5.3)	– erstreckt sich auf alle Geschäfte und Rechtshandlungen und ist unbeschränkbar – Alleinvertretung durch jeden Gesellschafter – Gesamtvertretung kann vereinbart werden – häufig: durch einen Gesellschafter und einen Prokuristen
Ergebnisverteilung (LZ 3.1)	– Ersatz der Aufwendungen – Privatentnahmen durch Gesellschafter – Jahresgewinn: 4% vom Kapitalanteil Rest nach Köpfen – Jahresverlust: Verteilung nach Köpfen
Sonstiges	Kontrollrecht der Gesellschafter

Bei der OHG handelt es sich um die Weiterentwicklung des Einzelunternehmens. Diese Rechtsform ist auch für Kleinbetriebe möglich. Man findet sie häufig bei Handelsbetrieben.

Vorteile

Vorteilhaft für die OHG ist u. a. der geringe Gründungsaufwand. Wirtschaftlich betrachtet, verfügt die OHG gegenüber dem Einzelunternehmen über ein umfangreicheres Haftungskapital, sodass die Kreditbasis breiter ist. Geprägt wird die OHG vom gegenseitigen Vertrauen der Gesellschafter zueinander. Durch die Mitarbeit im Unternehmen sind alle Gesellschafter an einem möglichst großen Erfolg interessiert.

Die Pflicht zur Offenlegung von Bilanz und Gewinn- und Verlustrechnung gilt nur unter besonderen Bedingungen.

Nachteile

Nachteile der OHG sind die solidarische Haftung sowie die Tatsache, dass der Gewinn geteilt werden muss. Außerdem kann es zu langwierigen Verhandlungen der Gesellschafter kommen, wenn es um unternehmerische Entscheidungen geht.

1.4.2 Pflichten und Rechte der Gesellschafter der OHG

LZ 3.2

Pflichten

Kapitalaufbringung

Die Eigenkapitalhöhe wird von Gesellschaftern im Gesellschaftsvertrag festgelegt und unterliegt keinen gesetzlichen Vorschriften.

Haftung

Die Gesellschafter haften mit dem eingebrachten Kapital und ihrem Privatvermögen für die Verbindlichkeiten der OHG

- persönlich, unbeschränkt;
- unmittelbar (§ 128 ff. HGB), d. h., dass ein Gläubiger einen Gesellschafter direkt verklagen kann und sich nicht erst an die OHG als Gesellschaft wenden muss;
- als Gesamtschuldner (solidarische Haftung).

Ein **neu eintretender Gesellschafter** haftet für alle Verbindlichkeiten, auch für solche, die vor seinem Eintritt entstanden sind (§ 130 HGB). Ein **ausscheidender Gesellschafter** haftet noch fünf Jahre nach seinem Austritt für alle Verbindlichkeiten, die bis zu diesem Zeitpunkt entstanden sind. Ansprüche, die einer kürzeren Verjährung unterliegen, verjähren innerhalb der jeweiligen kürzeren Frist (§ 159 HGB).

Geschäftsführung

Alle Gesellschafter sind zur Geschäftsführung dazu **berechtigt und verpflichtet**; ein **Ausschluss** eines oder mehrerer Gesellschafter kann im Gesellschaftsvertrag **vereinbart** werden (§ 114 HGB).

- Jeder geschäftsführende Gesellschafter ist befugt **gewöhnliche Geschäfte allein** vorzunehmen **(Einzelgeschäftsführungsbefugnis).** Widerspricht ein anderer Gesellschafter einem Geschäft, so hat die Handlung zu unterbleiben (§ 115 Abs. 1 HGB).
- Die **Geschäftsführungsbefugnis** kann einem Gesellschafter nur aus wichtigem Grunde **durch ein Gerichtsurteil entzogen** werden (§ 117 HGB).

Verlustbeteiligung

- Ein **Jahresverlust** wird **nach Köpfen** verteilt und vom Kapitalkonto eines jeden Gesellschafters abgezogen. (§§ 120, 122 HGB).

Rechte

LZ 3.2

Kontrollrecht

Jeder Gesellschafter hat ein **Kontrollrecht:** Er kann sich von den Angelegenheiten der OHG persönlich unterrichten lassen, die Handelsbücher und die Papiere einsehen und sich aus ihnen eine Bilanz anfertigen (§ 118 HGB).

LZ 5.3

Vertretung

Die Vertretungsbefugnis erstreckt sich auf **alle gerichtlichen und außergerichtlichen Geschäfte und Rechtshandlungen** (§ 126 HGB). Sie umfasst alle gewöhnlichen und außergewöhnlichen Geschäfte (z. B. Veräußerung und Belastung von Grundstücken) sowie Erteilung und Widerruf der Prokura. Sie ist unbeschränkt und **unbeschränkbar**:

- Jeder Gesellschafter ist allein zur Vertretung ermächtigt **(Alleinvertretungsbefugnis),** sofern nicht ein Ausschluss vereinbart und ins Handelsregister eingetragen ist (§ 125 HGB).
- Im Gesellschaftsvertrag kann vereinbart werden, dass alle oder mehrere Gesellschafter nur in Gemeinschaft zur Vertretung ermächtigt sein sollen **(Gesamtvertretungsbefugnis,** § 125 HGB).

- Im Gesellschaftsvertrag kann vereinbart werden, dass jeder Gesellschafter nur zusammen mit einem Prokuristen zur Vertretung ermächtigt ist (§ 125 HGB).
- Die Vertretungsbefugnis kann einem Gesellschafter nur aus wichtigem Grunde **durch ein Gerichtsurteil entzogen werden** (§ 127 HGB).

Ergebnisverteilung

Während des Geschäftsjahres ist jeder Gesellschafter zu **Privatentnahmen** berechtigt, die höchstens 4 % des Kapitalanteils betragen dürfen (§ 122 HGB).

Aufwendungen, die ein Gesellschafter in Gesellschaftsangelegenheiten tätigt, werden ihm **ersetzt** und vermindern den Jahresgewinn (§ 110 HGB).

Vom **Jahresgewinn** erhält jeder Gesellschafter **zunächst 4 % von seinem Kapitalanteil** (abzüglich der Privatentnahmen), der **verbleibende Rest** wird **nach Köpfen** verteilt (§ 121 HGB). Der nicht entnommene Gewinn wird dem Kapitalkonto gutgeschrieben.

Kündigungsrecht

Ist nichts vereinbart, gilt die gesetzliche Kündigungsfrist (§ 132 HGB) von mindestens sechs Monaten zum Ende eines Geschäftsjahres.

1.5 Kommanditgesellschaft (KG)

1.5.1 Merkmale und Vor- und Nachteile der KG

LZ 3.3 **Merkmale**

Gründungsaufwand	wie bei der OHG; Alle Gesellschafter (auch die Kommanditisten) müssen die Eintragung in das Handelsregister beantragen.
Kapitalaufbringung	durch mindestens zwei Gesellschafter
Haftung	– Vollhafter (Komplementäre) haften mit – Einlage – Privatvermögen – Teilhafter (Kommanditisten) haften mit ihren Einlagen
Geschäftsführung	– gewöhnliche Geschäfte durch jeden Komplementär – außergewöhnliche Geschäfte durch alle Komplementäre mit Zustimmung der Kommanditisten
Vertretung (LZ 5.3)	– erstreckt sich auf alle Geschäfte und Rechtshandlungen und ist unbeschränkbar – Alleinvertretung durch jeden Komplementär – Gesamtvertretung kann vereinbart werden – häufig: durch einen Komplementär und einen Prokuristen
Ergebnisverteilung (LZ 3.3)	– Ersatz der Aufwendungen – Privatentnahmen durch Komplementäre – Jahresgewinn: 4% vom Kapitalanteil Rest in einem angemessenen Verhältnis auf Voll- und Teilhafter – Jahresverlust: Verteilung in einem angemessenen Verhältnis
Sonstiges	Kontrollrecht der Kommanditisten

Vor- und Nachteile

Wirtschaftlich gesehen, handelt es sich bei der KG um eine OHG mit „stillem" Gesellschafter. Die Kapitalbasis wird durch die Kommanditisten verbreitert, die Kreditwürdigkeit steigt. Geldgeber werden beteiligt, die eine Begrenzung ihres Risikos wünschen. Die Komplementäre bleiben aber „Herr im Haus". Besonders geeignet ist die KG für Familienbetriebe.

Gesellschaftsrecht

LZ 5.3 Vorteilhaft ist der geringe Gründungsaufwand. Der Kommanditist kann am Ende des Geschäftsjahres die Auszahlung seines Gewinnanteils fordern. Er haftet mit seiner Einlage auch für die Verbindlichkeiten, die vor seinem Eintritt in die KG entstanden sind.

1.5.2 Pflichten und Rechte der Gesellschafter der KG

LZ 3.4

Pflichten

Kapitalaufbringung

Auch für die KG gibt es keine gesetzlichen Vorschriften über die Mindesthöhe der Kapitaleinlage.

Haftung

- Der **persönlich haftende Gesellschafter (Komplementär)** haftet wie der Gesellschafter einer OHG (§ 161 HGB).
- Ein **beschränkt haftender Gesellschafter (Kommanditist)** haftet nur mit seiner Einlage (§§ 161, 171 f. HGB).
- Die Haftung eintretender und ausscheidender Gesellschafter richtet sich nach den Regelungen über die OHG.

Geschäftsführung

Die Komplementäre sind zur Geschäftsführung berechtigt und verpflichtet. Für sie gelten die Vorschriften über die Gesellschafter der OHG (§ 161 Abs. 2 HGB). Die Kommanditisten sind von der Geschäftsführung ausgeschlossen.

Verlustbeteiligung

Ein **Jahresverlust** wird **in einem angemessenen Verhältnis** auf die Gesellschafter verteilt (§ 168 Abs. 2 HGB) und vom Kapitalkonto eines jeden Gesellschafters abgezogen. Die Verlustübernahme eines Teilhafters ist auf die Höhe seiner Einlage beschränkt (§ 167 Abs. 3 HGB).

Rechte

Kontrollrecht

Komplementären und Kommanditisten steht ein **Kontrollrecht** zu: Sie können die Vorlage der Bilanz verlangen und deren Richtigkeit anhand der Handelsbücher und Papiere überprüfen (§ 166 HGB).

Vertretung

Die **Komplementäre** vertreten die KG nach den Vorschriften über die **OHG** (§ 170 HGB).

LZ 5.3

Widerspruchsrecht

Bei **außergewöhnlichen Geschäften** ist die **Zustimmung der Kommanditisten** notwendig (§ 164 HGB).

Ergebnisverteilung

- Das **Recht auf Privatentnahme** und **auf den Ersatz der Aufwendungen** ist auf die **Komplementäre** beschränkt (§ 169 HGB).
- Vom **Jahresgewinn** erhält **jeder Gesellschafter zunächst 4 %** von seinem Kapitalanteil, der verbleibende **Rest** wird **in einem angemessenen Verhältnis** auf die Voll- und Teilhafter verteilt (§ 168 HGB). Ein Kommanditist hat erst dann ein Recht auf die Auszahlung seines Gewinnanteils, wenn sein Kapitalanteil voll eingezahlt ist (§§ 167 Abs. 2, 169 HGB).

Kündigungsrecht

Wenn die KG auf unbestimmte Zeit gegründet wurde, gilt eine Kündigungsfrist von sechs Monaten zum Ende eines Geschäftsjahres.

1.6 Gesellschaft mit beschränkter Haftung (GmbH)

1.6.1 Merkmale und Vor- und Nachteile der GmbH

LZ 4.1 **Merkmale**

Gründungsaufwand	– Gesellschaftsvertrag in notarieller Form – Einzahlung von mindestens 25 % des Kapitals, mindestens die Hälfte des Mindeststammkapitals – Eintragung in das Handelregister erforderlich
Kapitalaufbringung	Gründung durch mindestens 1 Gesellschafter – mindestens 25.000,00 € (Stammkapital) – Mindestanteil 100,00 € (Stammeinlage) Kapitalerhöhung – Erhöhung der Stammeinlage – Eintritt eines neuen Gesellschafters Nachschüsse Nachschusspflicht beschränkt oder unbeschränkt (je nach Satzung)
Haftung	– GmbH mit Vermögen – Gesellschafter mit Stammeinlage – Nachschüsse durch Gesellschafter
Geschäftsführung	– Gesamtgeschäftsführungsbefugnis der Geschäftsführer – Änderung durch Gesellschaftsvertrag oder Gesellschafterversammlung möglich – Beschränkung möglich – Überwachung durch Gesellschafterversammlung bzw. Aufsichtsrat
Vertretung (LZ 5.3)	– Gesamtvertretungsbefugnis der Geschäftsführer – unbeschränkt und unbeschränkbar – andere Verteilung durch Gesellschaftsvertrag möglich – Selbstkontrahieren möglich Eintragung jeder Änderung ins Handelsregister

Ergebnisverteilung (LZ 4.1)	– Ergebnisverteilung meist durch Gesellschaftsvertrag oder Gesellschafterversammlung geregelt
	– Jahresgewinn:
	  – Einstellung in freiwillige Gewinnrücklage (Reservefonds)
	  – Ausschüttung im Verhältnis der Geschäftsanteile
	  – Gewinnvortrag
	– Jahresverlust
	  – Ausgleich durch Gewinnvortrag
	  – Auflösung des Reservefonds
	  – Nachschüsse
	  – Verlustvortrag

Gesellschaftsrecht

Da eine GmbH zu **jedem gesetzlich zulässigen Zweck** errichtet werden kann (§ 1 GmbHG), finden wir diese Rechtsform in weiten Bereichen:

- **Gemischtwirtschaftliche Unternehmen** (Gesellschafter sind die öffentliche Hand und die private Wirtschaft): Wohnungsbaugesellschaften, kommunale Verkehrs- und Versorgungsbetriebe,
- **gemeinwirtschaftliche Unternehmen** (Ziel ist die Deckung öffentlichen Bedarfs): Wohnungsbaugesellschaften, öffentliche Verkehrsbetriebe,
- **Vermögensverwaltungsgesellschaften,**
- **Beteiligungsgesellschaften.**

Sonderformen

Daneben gibt es noch **Sonderformen der GmbH**, denen einige wirtschaftliche Bedeutung zukommt:

- **Einmann-GmbH:** Die GmbH verfügt nur über einen einzigen Gesellschafter, der sein unternehmerisches Konzept voll verwirklichen kann.
- **Vertriebs-GmbH:** Ein Produktionsbetrieb überträgt den Vertrieb seiner Erzeugnisse einer eigens zu diesem Zweck gegründeten GmbH. Gründe dafür sind: Haftungsbeschränkung, Gewinnverschiebung, Steuerersparnis, Verschleierung des eigentlichen Eigentümers.
- **Betriebs-GmbH:** Unternehmen schließen sich zusammen, um ihre Erzeugnisse gemeinsam zu produzieren. Der Vertrieb wird von den Muttergesellschaften in eigener Regie und mit eigenen Marken durchgeführt. Wesentlicher Grund für die Betriebs-GmbH ist die Kostenersparnis aufgrund größerer Produktionsmengen (Kostendegression, Gesetz der Massenproduktion).
- **Betriebsverwaltungs-GmbH:** Ein Unternehmen überträgt sein Vermögen auf die GmbH und pachtet dieses dann wieder von der GmbH. Ausschlaggebend sind meist steuerliche und haftungsrechtliche Gründe.

LZ 4.1
Vorteile

Die Zahl der GmbHs erhöht sich ständig. Von Vorteil ist dafür das geringe Gründungskapital. Die GmbH eignet sich besonders für Familienbetriebe. Wegen der Haftungsbeschränkung auf die Kapitaleinlage ist es für Einzelunternehmer bzw. Gesellschafter von Personengesellschaften interessant, ihre Unternehmungen in eine GmbH umzuwandeln. Diese Tendenz wird durch Möglichkeiten der Einpersonengründung gefördert, die die Rechtsform der GmbH z. B. für Handwerksbetriebe interessant macht. Der Jahresabschluss muss nur unter bestimmten Bedingungen veröffentlicht werden.

Nachteile

Viele GmbHs leiden allerdings aufgrund der geringen Kapitalstreuung unter Eigenkapitalmangel und damit unter einer schmalen Kreditbasis. Deshalb ist die GmbH häufig in der mittelständischen Wirtschaft zu finden. Für Großunternehmen ist die Aktiengesellschaft geeigneter, weil sie durch die Ausgabe von Aktien ihr Eigenkapital erhöhen kann. Ein weiterer Nachteil ist der hohe Gründungsaufwand.

1.6.2 Verteilung der Pflichten und Rechte innerhalb einer GmbH

LZ 4.1
Kapitalaufbringung

- Bei der **Gründung** müssen **mindestens 25.000,00 Euro (Stammkapital)** durch den Gesellschafter aufgebracht werden. Die Einlage eines jeden Gesellschafters beträgt **mindestens 100,00 Euro (Stammeinlage)**, § 5 GmbHG. Jede **Stammeinlage** stellt einen **Geschäftsanteil** dar (§ 14 GmbHG), der veräußert oder vererbt werden kann (§ 15 ff. GmbHG). Der Anteil eines Gesellschafters darf nicht zurückgezahlt werden (§ 30 Abs. 1 GmbHG).
- Eine **Kapitalerhöhung** erfolgt durch die **Erhöhung der Stammeinlage** oder durch den **Eintritt eines neuen Gesellschafters.**
- Im **Gesellschaftsvertrag** kann eine **Nachschusspflicht** vereinbart werden: Die Gesellschafter müssen auf einen gemeinsamen Beschluss hin **Einzahlungen über ihre Stammeinlage hinaus leisten (Nachschüsse**, § 26 GmbHG).

LZ 4.1

- **Beschränkte Nachschusspflicht:** Der Nachschuss ist auf einen bestimmten Betrag beschränkt (§§ 26 Abs. 3, 28 GmbHG).
- **Unbeschränkte Nachschusspflicht:** Der Nachschuss ist nicht auf einen bestimmten Betrag beschränkt (§ 27 GmbHG).

Die Nachschüsse zählen nicht zur Stammeinlage. Eingezahlte Nachschüsse können an die Gesellschafter zurückgezahlt werden, wenn sie nicht zur Verlustdeckung benötigt werden (§ 30 Abs. 2 GmbHG).

Haftung

- Die **GmbH** haftet gegenüber ihren Gläubigern mit dem **Gesellschaftsvermögen** (§ 13 Abs. 2 GmbHG).
- Die **Gesellschafter** haften mit ihrer **Stammeinlage.**
- Die **Gesellschafter** müssen **Nachschüsse** leisten, wenn dies im Gesellschaftsvertrag vereinbart wurde.
- Jeder **Geschäftsführer** haftet gegenüber der GmbH für den entstandenen Schaden, wenn er die Sorgfalt eines ordentlichen Geschäftsmannes verletzt hat (§§ 43, 44, 82 GmbHG).
- Jedes **Aufsichtsratsmitglied** haftet gegenüber der GmbH (§ 52 GmbHG, § 116 AktG).

Geschäftsführung

Die Geschäfte einer GmbH werden von **Geschäftsführern** geführt. Geschäftsführer können sein:

- **jeder Gesellschafter,**
- andere, dazu **bestellte Personen** (§ 6 Abs. 3 GmbHG).

Die Geschäftsführungsbefugnis kann wie folgt geregelt werden:

- Die Geschäftsführer verfügen über die **Gesamtgeschäftsführungsbefugnis** (§ 6 GmbHG).
- Im Gesellschaftsvertrag oder durch die Gesellschaftsversammlung kann die Geschäftsführungsbefugnis **beschränkt** werden. Häufig sind Beschränkungen auf
  - bestimmte Arten von Geschäften (z. B. Geschäfte mit Kreditinstituten),
  - bestimmte Geschäfte (z. B. Aufnahme von Darlehen, § 37 Abs. 2 GmbHG).
- Die **Gesellschaftsversammlung überwacht** die Geschäftsführung der Geschäftsführer (§ 46 Ziff. 6 GmbHG).
- Prokuristen und Handlungsbevollmächtigte können nur mit **Zustimmung der Gesellschaftsversammlung** bestellt werden (§ 46 Ziff. 7 GmbHG).
- Bei **GmbHs mit mehr als 500 Arbeitnehmern überwacht der Aufsichtsrat** die Geschäftsführung und stimmt der Bestellung von Prokuristen und Handlungsbevollmächtigten zu (§ 77 BetrVG von 1952, § 111 AktG). Der Kreis der zustimmungspflichtigen Geschäfte kann erweitert werden.

LZ 5.3

Vertretung

- Gegenüber Dritten ist die **Gesamtvertretungsbefugnis der Geschäftsführer** in gerichtlichen und außergerichtlichen Angelegenheiten **unbeschränkt und unbeschränkbar** (§§ 35, 37 Abs. 2 GmbHG).
- Im **Gesellschaftsvertrag** kann vereinbart werden:
  - Einzelvertretung durch einen Gesellschafter,
  - gemeinschaftliche Vertretung durch zwei Geschäftsführer oder einen Geschäftsführer und einen Prokuristen.

LZ 4.1
Ergebnisverteilung

Ein **Gewinn** wird wie folgt verteilt (§ 29 GmbHG):

- Eine Einstellung in freiwillige Gewinnrücklagen **(Reservefonds)** ist möglich, aber nicht vorgeschrieben.
- Der Rest wird an die Gesellschafter im **Verhältnis der Geschäftsanteile ausgeschüttet** (§ 29 GmbHG), sofern im Gesellschaftsvertrag nichts anderes vereinbart ist.
- Ein **Gewinnvortrag** ist möglich.

Ein **Verlust** wird wie folgt ausgeglichen:

- Ausgleich durch einen **Gewinnvortrag** aus dem Vorjahr,
- **Auflösung der Reservefonds (Gewinnrücklagen),**
- **Nachschüsse** der Gesellschafter,
- **Verlustvortrag** in das kommende Geschäftsjahr.

Die Ergebnisverteilung ist meist im Gesellschaftsvertrag geregelt oder erfolgt durch einen Beschluss der Gesellschaftsversammlung.

Wirtschaftlich betrachtet verbindet die GmbH

- die Eigentümerunternehmerschaft der OHG
- mit der begrenzten Haftung der AG.

1.7 Aktiengesellschaft (AG)

1.7.1 Bedeutung der AG

Die **wirtschaftliche Bedeutung** der AG besteht darin, dass sich **große Kapitalmassen** durch **breite Streuung** unter die Öffentlichkeit (Publikumsaktiengesellschaften) relativ **leicht aufbringen** lassen. (Manche Aktiengesellschaften haben mehr als 300 000 Aktionäre.) Die Führung des Unternehmens und das Eigentum am Unternehmen sind völlig getrennt. Die **Führung** erfolgt durch **Fachleute,** die Angestellte des Unternehmens sind. Andererseits wird die Öffentlichkeit – und nicht nur die Eigentümer – aufgrund der **Publizitätspflicht** unterrichtet. Sie schlägt sich z. B. in der Veröffentlichung von Geschäftsbericht, Bilanz, Gewinn- und Verlustrechnung sowie des Anhangs und des Lageberichts nieder (§ 325 HGB).
Die AG ist die typische Unternehmungsform für **Großbetriebe** in Industrie, Handel, Bank- und Versicherungswirtschaft. Wir finden sie ebenfalls bei Betrieben der öffentlichen Hand (z. B. Stadtwerke, öffentlicher Nahverkehr) und bei Holdinggesellschaften.

Zu finden sind jedoch auch **Familienaktiengesellschaften:** Ihre Aktionäre sind entweder eine einzelne natürliche Person oder miteinander verwandte oder verschwägerte natürliche Personen (§ 76 Abs. 6 BetrVG 1952). Die Aktien werden meist weder im amtlichen Handel noch im geregelten Freiverkehr an einer bundesdeutschen Börse gehandelt. Für die beteiligten Personen ergeben sich folgende Vorteile: Ihre Haftung als Eigentümer der Familienaktiengesellschaft ist beschränkt, sie bleiben aber trotzdem „Herr im Haus". Durch eine Übertragung von Anteilen zu Lebzeiten wird Erbschaftsteuer gespart. Das Nachfolgerproblem (Generationswechsel) kann aus der Familie heraus gelöst werden.

Die Möglichkeit der **Einpersonengründung** macht die Rechtsform der AG aus den genannten Gründen auch für kleine und mittelständische Unternehmen interessant: Durch die Möglichkeit der direkten Eigenkapitalfinanzierung bleibt die **kleine Aktiengesellschaft** von den Kreditgebern unabhängiger als ein vergleichbares Einzelunternehmen oder eine vergleichbare Personenhandelsgesellschaft. Die Eigenkapitalfinanzierung wird z. B. durch den Aktiennennbetrag (vgl. Kap. 1.7.5) von 1,00 € erleichtert. Durch die Möglichkeit, bei einer Kapitalerhöhung das Bezugsrecht auszuschließen, kann der Einfluss des Aktionärs und damit seine Selbstständigkeit erhalten bleiben.

LZ 4.3

Der wichtigste Grund zur Gründung einer AG ist die Möglichkeit, relativ einfach ein hohes Eigenkapital (= Grundkapital) durch den Verkauf von Aktien zu erhalten.

1.7.2 Organe der AG und deren Aufgaben und Rechte

Bei der AG handelt es sich um eine typische Kapitalgesellschaft. Die einzige Verbindung zwischen dem Unternehmen und den Inhabern stellt der Kapitalanteil dar. Die **personelle Trennung** zwischen Eigentum und Leitung macht es notwendig, die **Interessen der Inhaber** durch besondere Maßnahmen **zu schützen.** Deshalb hat der Gesetzgeber die **Verfassung der AG** geregelt und bestimmte **Organe** festgelegt (§§ 76 – 147 AktG):

LZ 4.4

Organ	Aufgabe
Vorstand	eigenverantwortliche Leitung der Gesellschaft unter Wahrung der **Betriebsinteressen**
Aufsichtsrat	Überwachen des Vorstandes unter Wahrung der **Kapitalinteressen**
Hauptversammlung	Fassen von Beschlüssen unter Wahrung der **Aktionärsinteressen**

Vorstand

Dem **Vorstand** obliegt die **eigenverantwortliche Leitung** der AG (§ 76 ff. AktG). Vorstandsmitglieder unterliegen dem **Wettbewerbsverbot** (§ 88 AktG). Findet für die Gesellschaft das Montan-Mitbestimmungsgesetz bzw. das Mitbestimmungsgesetz Anwendung, so ist ein **Arbeitsdirektor** Vorstandsmitglied.

Der Vorstand muss

- dafür sorgen, dass die erforderlichen Handelsbücher geführt werden (§ 91 AktG);
- innerhalb von drei Monaten nach dem Ende des Geschäftsjahres den Jahresabschluss (Bilanz, Gewinn- und Verlustrechnung), den Anhang und Lagebericht aufstellen (§ 264 HGB) und den Abschlussprüfern vorlegen (§ 148 AktG).

Aufsichtsrat

Der **Aufsichtsrat** überwacht die Geschäftsführung des Vorstandes (§ 111 AktG) und vertritt die AG gerichtlich und außergerichtlich gegenüber dem Vorstand (§ 112 AktG). Seine Mitglieder werden von

- der Hauptversammlung **(Kapitalvertreter),**
- den Arbeitnehmern **(Arbeitnehmervertreter)**

auf vier Jahre gewählt.

Die Zahl der Arbeitnehmervertreter richtet sich danach, ob das Betriebsverfassungsgesetz 1952, das Mitbestimmungsgesetz oder das Montan-Mitbestimmungsgesetz auf die AG Anwendung findet (§ 96 AktG). Die Zahl der Aufsichtsratsmitglieder richtet sich nach dem Grundkapital (§ 95 AktG).

Auf den vierteljährlichen Aufsichtsratssitzungen (§ 110 Abs. 3 AktG)

- wird er vom Vorstand über die wirtschaftliche Lage der Gesellschaft informiert (§ 90 AktG),
- prüft er die Bücher der AG (§ 111 AktG),
- fasst er seine Beschlüsse (§ 108 AktG).

Der Aufsichtsrat

- wählt aus seiner Mitte einen Vorsitzenden des Aufsichtsrates und mindestens einen Stellvertreter (§ 107 AktG),
- bestellt die Vorstandsmitglieder auf höchstens fünf Jahre (§ 84 Abs. 1 AktG),
- ernennt den Vorstandsvorsitzenden (§ 84 Abs. 2 AktG).

In großen Aktiengesellschaften ist es üblich, dass der Aufsichtsrat Ausschüsse bildet (z. B. Ausschuss für Investitionen, Ausschuss für Personalfragen), um seine Verhandlungen und Beschlüsse vorzubereiten und die Ausführung seiner Beschlüsse zu überwachen (§ 107 Abs. 3 AktG).

LZ 4.4
Hauptversammlung

In der **Hauptversammlung** üben die Aktionäre (= Eigentümer) ihre Rechte in den Angelegenheiten der AG aus (§ 118 AktG). Diese Rechte sind:

- **Stimmrecht** (§ 134 ff. AktG): Es wird grundsätzlich nach den Aktiennennbeträgen ausgeübt, d. h., je Kapitalanteil verfügt der Aktionär über eine Stimme. Der Aktionär kann sein Stimmrecht selbst ausüben oder durch einen bevollmächtigten Stellvertreter (z. B. einen Bekannten oder ein Kreditinstitut) wahrnehmen lassen.
- **Beschlussrecht** (§ 119 f. AktG): Mithilfe des Stimmrechts beschließt die Hauptversammlung in den im Aktiengesetz oder im Gesellschaftsvertrag (Satzung) genannten Fällen (z. B. Wahl der Kapitalvertreter im Aufsichtsrat, Satzungsänderungen). Die Beschlüsse werden grundsätzlich mit einfacher Mehrheit gefasst (§ 133 AktG), Satzungsänderungen (z. B. Kapitalerhöhung) bedürfen einer Dreiviertelmehrheit (§ 179 Abs. 2 AktG).

LZ 4.4

- **Auskunftsrecht** (§ 131 AktG): Jeder Aktionär kann vom Vorstand Auskunft verlangen.

Die **ordentliche Hauptversammlung** findet alljährlich statt (§ 120 AktG); eine **außerordentliche Hauptversammlung** ist einzuberufen, wenn es das Wohl der AG erfordert.

Gesellschaftsrecht

1.7.3 Merkmale der AG

LZ 4.2	Gründungsaufwand	sehr aufwändig: – Ein oder mehrere Gründer, die den Gesellschaftsvetrag aufstellen, der in notarieller Form beurkundet werden muss. – Gründer müssen alle Aktien gegen Einlage des Grundkapitals übernehmen. – Gründer müssen Aufsichtsrat und einen Abschlussprüfer bestellen. – Aufsichtsrat muss den Vorstand bestellen. – Gründer müssen Gründungsbericht erstellen und zur Prüfung vorlegen. – Alle Gründer sowie alle Mitglieder des Aufsichtsrates und des Vorstandes müssen die Anmeldung zum Handelsregister vornehmen. – Erst durch die Eintragung in das Handelsregister ensteht die AG als juristische Person in Form einer Kapitalgesellschaft.
	Kapitalaufbringung	Gründung durch mindestens 1 Gesellschafter – mindestens 50.000,00 € (Grundkapital) – Mindestanteil 1,00 € Kapitalerhöhung – Anteil am Grundkapital – Aufgeld (Agio)
	Haftung	– AG mit Vermögen – Aktionäre mit Anteil am Grundkapital zuzüglich des Agios
	Geschäftsführung	– Gesamtgeschäftsführungsbefugnis des Vorstandes – Änderung durch Satzung oder Geschäftsordnung des Vorstands möglich – Beschränkung möglich – Überwachung durch Aufsichtsrat
LZ 5.3	Vertretung	– Gesamtvertretungsbefugnis des Vorstands – unbeschränkt und unbeschränkbar Eintragung jeder Änderung ins Handelsregister
LZ 4.2	Ergebnisverteilung	Jahresüberschuss – Ausgleich eines Verlustvortrags – Einstellung in Gewinnrücklage/gesetzliche Rücklage – Einstellung in Gewinnrücklage/andere Rücklage Bilanzgewinn – Einstellung in Gewinnrücklage/andere Rücklage – Vorstandstantieme – Aufsichtsratstantieme – Gewinnanteil der Arbeitnehmer – Dividende an die Aktionäre – Gewinnvortrag Jahresfehlbetrag – Ausgleich durch Gewinnvortrag – Verlustvortrag – Auflösung anderer Rücklagen – Auflösung gesetzlicher Rücklagen – Kapitalherabsetzung

1.7.4 Verteilung der Pflichten und Rechte innerhalb der AG

LZ 4.2

Haftung

- Die **AG** haftet mit ihrem **Eigenkapital** (Grundkapital und Rücklagen).
- Jeder **Aktionär** haftet mit seinem Anteil am Grundkapital zuzüglich des von ihm bezahlten Agios.
- Jedes **Vorstandsmitglied** haftet gegenüber der AG für den verursachten Schaden, wenn es die Sorgfalt eines ordentlichen und gewissenhaften Geschäftsleiters nicht anwendet (§ 93 AktG).
- Jedes **Aufsichtsratsmitglied** haftet gegenüber der AG wie ein Vorstandsmitglied (§§ 93, 116 AktG).

Geschäftsführung

- Der **Vorstand** verfügt über die **Gesamtgeschäftsführungsbefugnis** und leitet die AG in **eigener Verantwortung** (§§ 76, 77 AktG).
- Die **Gesamtgeschäftsführungsbefugnis** kann durch den Gesellschaftsvertrag (Satzung) oder die Geschäftsordnung des Vorstands **geändert** werden (§ 77 AktG).
- Die **Geschäftsführungsbefugnis** kann **beschränkt** werden (§ 82 Abs. 2 AktG). Häufig sind folgende Fälle:
  - Beschränkung der Geschäftsführungsbefugnis eines Vorstandsmitglieds auf einen Teilbereich der AG (z. B. ein Ressort oder eine Zweigniederlassung).
  - Bestimmte Arten von Geschäften (z. B. Errichtung einer neuen Fabrik) können nur mit Zustimmung des Aufsichtsrats vorgenommen werden (§ 111 Abs. 4 AktG).
- Die Vorstandsmitglieder müssen im Innenverhältnis diese Beschränkungen beachten (§ 82 Abs. 2 AktG).
- Der **Vorstand** ist an die Beschlüsse der **Hauptversammlung gebunden;** von ihr beschlossene Maßnahmen muss er durchführen (§§ 83 Abs. 2, 119 Abs. 1 AktG).
- Der **Aufsichtsrat überwacht** die Geschäftsführung des **Vorstands** (§ 111 AktG).
- Nur auf Verlangen des Vorstands kann die Hauptversammlung über Fragen der Geschäftsführung entscheiden (§ 119 Abs. 2 AktG).

LZ 5.3

Vertretung

- Die **Gesamtvertretungsbefugnis des Vorstands** in gerichtlichen und außergerichtlichen Angelegenheiten ist **unbeschränkt** und **unbeschränkbar** (§§ 78, 82 Abs. 1 AktG).
- Die **Gesamtvertretungsbefugnis** kann durch die Satzung oder einen Beschluss des Aufsichtsrats geändert werden (§ 78 Abs. 3 AktG):
  - Einzelvertretungsbefugnis für ein Vorstandsmitglied,
  - gemeinschaftliche Vertretung durch ein Vorstandsmitglied und einen Prokuristen.

Jede Änderung der Vertretungsbefugnis ist in das Handelsregister einzutragen (§ 81 AktG).

Ergebnisverteilung

Ein **Jahresüberschuss** (§§ 266, 275 HGB) wird nach § 58 AktG wie folgt verteilt:

- **Ausgleich eines Verlustvortrags** aus dem Vorjahr
- **Einstellung in die Gewinnrücklage/gesetzliche Rücklage:** In sie sind so lange mindestens 5 % des Jahresüberschusses einzustellen, bis die Summe aus gesetzlicher Rücklage und Kapitalrücklage 10 % des gezeichneten Kapitals (Grundkapitals) beträgt (§ 150 Abs. 2 AktG). Die Satzung kann einen höheren Teil des Grundkapitals bestimmen, der dann als Gewinnrücklage/**satzungsmäßige Rücklage** auszuweisen ist.

Gesellschaftsrecht

- **Einstellung in die Gewinnrücklage/andere Rücklagen:** Stellen der Vorstand und der Aufsichtsrat den Jahresabschluss fest, dürfen höchstens 50 % des nach dem Abzug eines Verlustvortrags und der Einstellung in die gesetzlichen Rücklagen verbleibenden Betrags in die anderen Rücklagen eingestellt werden. Die Satzung kann einen größeren Teil (bei nicht börsenorientierten AGs auch einen geringeren Teil) bestimmen. Diese Ermächtigung erlischt, wenn die andere Rücklage 50 % des Grundkapitals beträgt (§ 50 Abs. 2 AktG).

Gewinn

Der verbleibende Rest heißt **Bilanzgewinn** (Reingewinn). Dieser wird durch **Beschluss der Hauptversammlung** wie folgt verteilt (§ 174 Abs. 2 AktG):

- Haben Vorstand und Aufsichtsrat den Jahresabschluss festgestellt, so kann sie die **Einstellung** weiterer Beträge **in die Gewinnrücklage/andere Rücklagen** beschließen (§ 58 Abs. 3 AktG).
- Gewinnbeteiligung der Vorstandsmitglieder **(Vorstandstantiemen,** § 86 ff. AktG)
- Gewinnbeteiligung der Aufsichtsratsmitglieder **(Aufsichtsratstantiemen,** § 113 Abs. 3 AktG)
- **Gewinnbeteiligung der Arbeitnehmer**

LZ 4.7

- **Gewinnanteil der Aktionäre (Dividende,** §§ 58 Abs. 4, 60 AktG):

  Die Dividende wird pro Aktie gezahlt und stellt den Anteil des ausgeschütteten Bilanzgewinns der AG dar. Es besteht kein Anspruch auf eine Dividende.

  Die Dividende kann ausgeschüttet werden als
  - Dividende für Stammaktien,
  - Dividende für Vorzugsaktien,
  - Bonus (Zusatz- oder Sonderdividende).
- **Gewinnvortrag:** Der nach Abzug aller genannten Verwendungsmöglichkeiten verbleibende Gewinn wird in das nächste Geschäftsjahr vorgetragen.

Verlust

Ein **Jahresfehlbetrag** (Jahresverlust) wird wie folgt ausgeglichen:

- Ausgleich durch einen **Gewinnvortrag** aus dem Vorjahr (§ 150 Abs. 3, 4 AktG)
- Übernahme als **Verlustvortrag** in das kommende Geschäftsjahr (§ 150 Abs. 3, 4 AktG)

Wurde über **mehrere Geschäftsjahre** hinweg ein **Jahresfehlbetrag** erwirtschaftet, so können folgende Maßnahmen ergriffen werden (§ 150 AktG):

- Auflösung der Gewinnrücklage/andere Rücklagen
- Auflösung der Gewinnrücklage/gesetzliche Rücklagen
- Auflösung der Kapitalrücklage
- Auflösung stiller Rücklagen (z. B. Verkauf von Grundstücken)

Wurde über **mehrere Geschäftsjahre** hinweg ein **Bilanzverlust** (Reinverlust) erzielt und sind kaum mehr Rücklagen vorhanden, muss zum Mittel der **Kapitalherabsetzung** (§§ 119, 222 ff. AktG) gegriffen werden.

1.7.5 Aktienarten

Bei der Gründung einer AG müssen mindestens 50.000,00 € (Grundkapital) durch eine oder mehrere Personen (Gründer bzw. Aktionäre) aufgebracht werden (§§ 2, 6, 7 AktG). Das Grundkapital wird in der Bilanz als gezeichnetes Kapital ausgewiesen (§ 272 Abs. 1 HGB).

LZ 4.5 Nominalwert

Über jeden Anteil, der mindestens 1,00 € betragen muss, kann eine Urkunde, die Aktie, ausgestellt werden (§§ 8, 10 Abs. 5 AktG). Der auf der Aktie genannte Wert ist der Nominalwert der Aktie, der auch Nominale genannt wird.

Der Gesetzgeber (§ 8 II AktG) erlaubt es Aktiengesellschaften, auch nennwertlose Stückaktien auszugeben. Sie lauten auf einen bestimmten Anteil am Grundkapital (gezeichnetes Kapital). Der Anteil darf nicht unter 1,00 € (je Aktie) liegen.

BEISPIEL:

Bei einem Grundkapital von 100 Mio. € und der Ausgabe von 10 Mio. Stückaktien beträgt der Anteil am Grundkapital ein zehnmillionstel Teil pro Aktie, in diesem Fall also 10,00 €.

LZ 4.6 Kurswert

Aktien werden als Wertpapiere an der Wertpapierbörse gehandelt. Der sich aufgrund von Angebot und Nachfrage ergebene Preis (Wert) heißt Kurswert. Zum Beispiel kann eine Aktie mit einem Nennwert von 5,00 € an der Börse einen Kurswert von 45,00 € erzielen. Für nennwertlose Aktien, also Stückaktien, gilt das Gleiche.

Aktien können **Rechte** in unterschiedlichem Umfang verbriefen:

Stammaktie

- Die **Stammaktie** gewährt ihrem Inhaber die gewöhnlichen Mitgliedschaftsrechte (Stimmrecht, Recht auf Dividende und Anteil am Liquidationserlös, Bezugsrecht).

Vorzugsaktie

- Bei **Vorzugsaktien** kann eines dieser Rechte besonders betont oder ausgeschlossen werden. Wir unterscheiden:

Art des Vorzugs/Zweck	Bedeutung
Mehrstimmrecht Einfluss – eines Großaktionärs, – einer Familie soll gesichert bleiben.	Ausstattung z. B. mit fünffachem Stimmrecht; Ausgabe neuer Mehrstimmrechtsaktien seit 1. Januar 1966 verboten. (§ 12 AktG)
Vorzugsdividende – Ein Großaktionär soll besonders befriedigt werden. – Kleinaktionäre sollen zufrieden gestellt werden. – Neue Eigentümer sollen gefunden werden bei schlechtem Börsenkurs.	Höhere Dividende oder Mindestdividende oder Vorabdividende oder Bevorzugung bei der Verteilung der Restdividende; Kombinationen möglich.
Ohne Stimmrecht – Das Auftauchen eines Großaktionärs soll verhindert werden.	Stimmrecht wird zugunsten einer höheren Dividende aufgegeben.

An die **Übertragung** der Aktien können bestimmte Bedingungen geknüpft sein:

Inhaberaktie

- In der Bundesrepublik Deutschland herrscht die **Inhaberaktie** vor. Der Besitzer der Aktie kann die mit ihr verbundenen Rechte geltend machen. Sie garantiert die Anonymität des Besitzers und ist deshalb sowohl für das breite Publikum als auch öffentlichkeitsscheue Kapitalbesitzer interessant. **Stammaktien** sind in der Regel Inhaberaktien.

Namensaktie

- **Namensaktien** lauten auf den Namen des Inhabers und sind unter Bezeichnung des Inhabers nach Namen, Wohnort und Beruf im Aktienbuch der Gesellschaft zu führen. Der Verkauf muss der Gesellschaft gemeldet werden. Das Aktiengesetz schreibt vor, dass teileingezahlte Aktien stets als Namensaktien ausgegeben werden müssen. Dadurch weiß die AG stets, an wen sie sich wenden muss, um die ausstehenden Einlagen einzuberufen. Die Satzung der AG kann die Ausgabe von Namensaktien vorschreiben. Zum Teil handelt es sich in diesem Fall um Vorzugsaktien: Die AG will wissen, wer an ihr besondere Rechte hat. Die Namensaktie gewinnt in Deutschland an Bedeutung.

Gesellschaftsrecht

2 Firmenrecht und Vertretungsbefugnisse

2.1 Firma

LZ 5.2

Kaufleute betreiben ihr Gewerbe unter ihrer **Firma.**

Firma ist der Name eines Kaufmanns, unter dem er

- seine Geschäfte betreibt,
- seine Unterschrift abgibt,
- klagen und verklagt werden kann. (§ 17 HGB)

Dieser Firmenname ist der kaufmännische Name, der nicht mit dem Privatnamen identisch sein muss.

Es handelt sich um einen Namen, der auch einen **Vermögenswert** darstellt: Beim Erwerb einer „Firma" muss man auch den **Firmenwert** mitbezahlen. Daneben stellt die Firma ein **absolutes Recht** dar, das gegen jedermann verteidigt werden kann.

LZ 5.1 **rechtsverbindliche Zeichnung**

Unter **rechtsverbindlicher Zeichnung** ist eine rechtsverbindliche Handlung im Namen der Firma zu verstehen. Nur unter dem korrekten und vollständigen Firmennamen kann ein Unternehmen rechtswirksame Verträge (auch Kaufverträge zählen dazu), also Rechte und Verpflichtungen eingehen. Dazu bedarf es der Angabe des Firmennamens, der Firmenanschrift und der Unterschrift einer vertretungsberechtigten Person.

2.2 Gesetzliche Regelungen für die Vergabe des Firmennamens

Firmenbildung

Jede Firma, die folgende Merkmale erfüllt, ist eintragungsfähig (Handelsregister).

- Sie muss sich anderen Unternehmen gegenüber unterscheiden.
- Die Gesellschaftsverhältnisse müssen ersichtlich sein.
- Die Haftungsverhältnisse müssen offensichtlich sein.

Bei Vorliegen dieser Voraussetzungen kann zwischen Personen-, Sach- oder Fantasiefirma gewählt werden. Alle Kaufleute müssen ihrer Firma einen entsprechenden **Rechtsformzusatz** beifügen. § 19 Abs. 1 HGB bestimmt:

LZ 5.2 **e. K.**

Einzelkaufleute müssen den Zusatz „eingetragener Kaufmann" bzw. „eingetragene Kauffrau" oder die Abkürzung „e. Kfm." bzw. „e. Kffr." oder „e. K." verwenden.

OHG, KG

Für **offene Handelsgesellschaften** und **Kommanditgesellschaften** ist zwingend der Zusatz „OHG" und „KG" vorgeschrieben. Alte Bezeichnungen wie z. B. Müller und Gebhardt oder Müller & Co., aus denen nicht eindeutig die Gesellschaftsverhältnisse hervorgehen, dürfen seit dem 31. März 2003 nicht mehr geführt werden. Aus der Bezeichnung GmbH & Co. KG geht hervor, dass der persönlich haftende Gesellschafter eine GmbH und keine natürliche Person ist.

AG, GmbH, eG

Kapitalgesellschaften und **Genossenschaften** tragen die Abkürzung „AG" für Aktiengesellschaft, „GmbH" für Gesellschaft mit beschränkter Haftung und „eG" für eingetragene Genossenschaft.

Arten der Firma

LZ 5.2
Arten der Firma

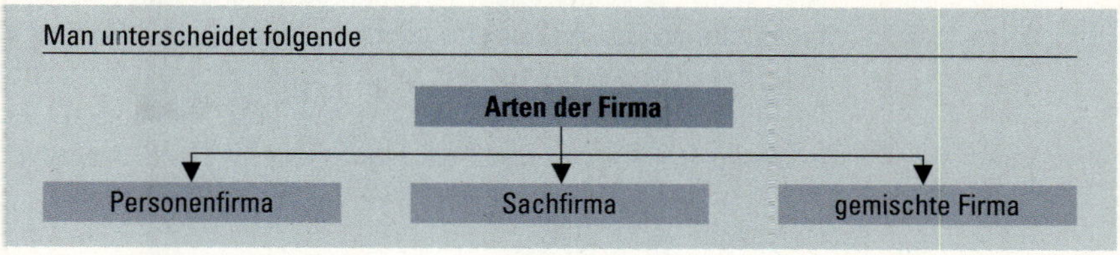

Personenfirma: Die Firmenbezeichnung enthält Informationen über den oder die Geschäftsinhaber, z. B. Max Bürger e. K., Robert und Georg Müller OHG, Henkel KG a. A., Robert Bosch GmbH.

Gemischte Firma: Neben den Namen einer Person tritt der Gegenstand des Unternehmens oder eine Fantasiebezeichnung, z. B. Robert Müller OHG Fahrradfabrik, Velo AG, Heiße Masche e. Kffr.

Sachfirma: Bei der Sachfirma benennt die Firmenbezeichnung den Gegenstand des Unternehmens, z. B. Baugenossenschaft eG, Fahrrad AG. Irreführungen sind damit ausgeschlossen.

Unternehmer könnnen ihren Firmennamen frei wählen, unabhängig von der Rechtsform.

Es ist erlaubt, Fantasienamen oder andere werbewirksame Namen zu wählen. Wichtig ist, dass die Firma mit einem Zusatz über die bestehende Rechtsform versehen wird, also z. B. GmbH oder KG.

Beispiele: VELO AG, Schnelle Pedale KG, Kaufhaus Schindler e. K., Heiße Masche e. Kffr.

Grundsätze des Firmenrechts

Grundsätze

Die Beachtung dieser Vorschriften wird durch den Grundsatz der **Firmenwahrheit** gefordert.

Dieser bezieht sich auf den Firmenkern und den Firmenzusatz. Weitere Grundsätze des Firmenrechts sind:

- **Firmenausschließlichkeit** (§ 30 HGB): An einem Ort darf ein und dieselbe Firma nur einmal bestehen; die Firma zweier Betriebe muss deutlich unterschieden werden können. Dies ist z. B. nicht der Fall bei Meyer OHG und Meier OHG.
- **Firmeneinheit:** Jeder Kaufmann darf nur eine Firma führen. Das bedeutet, dass er für jedes Handelsgewerbe eine eigene Firma annehmen muss.
- **Firmenbeständigkeit:** Soll eine bisherige Firma bei Pacht, Kauf oder Erbschaft weitergeführt werden, so kann dies durch einen entsprechenden Zusatz gekennzeichnet werden (§ 22 HGB): z. B. Robert Müller, Inhaber Martin Jensen; Robert Müller Nachfolger; Martin Jensen, vormals Robert Müller.

Gesellschaftsrecht

LZ 5.2

- **Firmenöffentlichkeit:** Die Firma muss in das **Handelsregister eingetragen** werden (§ 29 HGB). Bei einer offenen Verkaufsstelle (z. B. Einzelhandelsgeschäft) ist der Firmenname an der Außenseite oder am Eingang anzubringen (§ 15 a GewO). Die **Geschäftsschreibenkundgabe** bei den KapG bedeutet, dass auf allen Geschäftsbriefen der Vorsitzende des Aufsichtsrats, sämtliche Vorstandsmitglieder bzw. Geschäftsführende Gesellschafter und die Eintragung ins Handelsregister angegeben wird.

Firmenschutz (§ 37 HGB)

Diese Grundsätze sind nur deshalb sinnvoll, weil ein **Firmenschutz** besteht:

- Wer unbefugt eine Firma benutzt, kann durch eine Ordnungsmaßnahme zur Unterlassung angehalten werden.
- Wer in seinen Rechten dadurch verletzt wird, dass ein anderer unbefugt eine Firma benutzt, kann von diesem die Unterlassung des Gebrauchs verlangen. Die Firma wird weiterhin durch das Warenzeichengesetz und das Gesetz gegen den unlauteren Wettbewerb geschützt.

§ 37 a HGB enthält Angaben, die für Geschäftsbriefe des Kaufmanns vorgeschrieben werden.

Die Firma bei Inhaberwechsel

Was wird bei Inhaberwechsel?

Wechselt der Inhaber eines Handelsgeschäftes, so gibt es folgende Möglichkeiten:

- Der Käufer führt die Firma fort.
- Der Käufer führt die Firma nicht fort.
- Der Erbe führt die Firma fort.

Der **Grundsatz der Firmenbeständigkeit** ist von besonderer Bedeutung für den Erwerber **(Käufer)** eines Handelsgeschäftes (§ 25 Abs. 1 HGB):

Der Käufer eines Handelsgeschäftes haftet für alle Verbindlichkeiten des früheren Inhabers unbeschränkt und unbeschränkbar, wenn er die bisherige Firma fortführt.

Dies ist für die Gläubiger des Verkäufers vorteilhaft: Ihnen gegenüber haften der Käufer und Verkäufer eines Handelsgeschäftes als Gesamtschuldner. Zur Befriedigung ihrer Forderungen können sie sich wahlweise an den Käufer oder Verkäufer wenden. Dabei müssen sie jedoch Verjährungsfristen beachten (§ 26 HGB). Die Haftung des Verkäufers erlischt

- innerhalb der allgemeinen Verjährungsfristen (§ 195 ff. BGB).
- spätestens jedoch nach fünf Jahren.

Für den **Käufer** ist diese Regelung unter Umständen von Nachteil, da er z. B. für risikoreiche oder unbedachte Verbindlichkeiten des Verkäufers haften muss. Deshalb kann die **Haftung des Käufers ausgeschlossen** werden (§ 26 Abs. 2 HGB):

Ein Vertrag, durch den die Haftung des Käufers ausgeschlossen wird, ist den Gläubigern gegenüber wirksam, wenn
– er in das Handelsregister eingetragen worden ist oder
– der Haftungsausschluss schriftlich mitgeteilt wurde.

Neben den Verbindlichkeiten weist ein Handelsgeschäft auch **Forderungen** auf.

Hat der Verkäufer in die Fortführung der Firma eingewilligt, so gehen die Forderungen auf den Käufer über. (§ 25 Abs. 1 HGB)

Dies bedeutet für den **Schuldner:** Seine Schuld erlischt nur, wenn er an den Käufer bezahlt. Leistet er an den Verkäufer, so muss er nochmals an den Käufer zahlen.

Für den **Verkäufer** ist diese Regelung unter Umständen von Nachteil, da z. B. die Forderungen auf seine Leistung zurückgehen und einen Gewinn beinhalten, der ihm zusteht. Deshalb kann die **Forderungsabtretung ausgeschlossen** werden (§ 25 Abs. 2 HGB):

Ein Vertrag, durch den die Abtretung der Forderungen an den Käufer ausgeschlossen wird, ist gegenüber den Schuldnern nur wirksam, wenn
- **er in das Handelsregister eingetragen und bekannt gemacht worden ist oder**
- **der Ausschluss ihnen schriftlich mitgeteilt wurde.**

Anders ist es, wenn der **Käufer die Firma nicht fortführt** (§ 25 Abs. 3 HGB):

Wird die Firma nicht fortgeführt, so haftet der Käufer nur dann für die Verbindlichkeiten,
- **wenn er sich dazu verpflichtet und**
- **dies den Gläubigern in handelsüblicher Weise mitteilt.**

Die Verpflichtung erfolgt durch eine Schuldübernahme (§§ 414, 415 BGB) oder durch eine Vermögensübernahme (§ 419 BGB). Die handelsübliche Mitteilung kann z. B. durch ein Schreiben erfolgen. Im Falle der Vermögensübernahme gehen auch die Forderungen auf den Käufer über.

Führt ein **Erbe** das Handelsgeschäft unter der bisherigen Firma fort, so haftet er für die Verbindlichkeiten wie der Käufer (§§ 25, 27 HGB).

2.3 Vollmachtenregelungen und Entscheidungsbefugnisse

LZ 5.4

Kaufmann ist bei Personengesellschaften eine natürliche Person, bei Kapitalgesellschaften eine juristische Person. Um Handlungen durchführen zu können, haben Kapitalgesellschaften natürliche Personen als gesetzliche Vertreter (Vorstand, Geschäftsführung). Grundsätzlich können nur Kaufleute nach dem Handelsgesetzbuch Rechtshandlungen (z. B. Abschluss von Verträgen) für ihre Firma ausüben.

Notwendigkeit der Vollmachtserteilung

Einhergehend mit dem Wachstum und der damit verbundenen Größe eines Unternehmens besteht immer mehr die Notwendigkeit, Aufgaben und Verantwortung auf eine Vielzahl von Mitarbeitern zu verteilen. Der Kaufmann kann sich dadurch bei fast allen Handlungen vertreten lassen.

Neben der allgemeinen Vertretungsmöglichkeit von Personen bei Rechtsgeschäften durch Vollmacht, die in den § 164 ff. BGB geregelt ist, gibt es für Kaufleute zudem spezielle Formen der Bevollmächtigung (§ 48 ff. HGB).

Gesellschaftsrecht

Unter Vollmacht wird rechtsgeschäftlich übertragene Befugnis verstanden für jemand anderen zu handeln.

Zu unterscheiden sind **Mitarbeiter mit Handlungsvollmachten** und **Mitarbeiter mit Prokura** (Handlungsbevollmächtigte und Prokuristen).

LZ 5.3 Die Vertretungsverhältnisse von Gesellschaftern verschiedener Rechtsformen sind in Kapitel 1 aufgeführt.

2.3.1 Arten und Umfang von Handlungsvollmacht und Prokura

Handlungsvollmacht

LZ 5.4

Die Handlungsvollmacht berechtigt in einem bestimmten Handelsgewerbe zur Vertretung von Geschäften, die dieses Handelsgewerbe gewöhnlich mit sich bringt. Der Umfang der Handlungsvollmacht kann vom Unternehmer nach Belieben festgelegt werden.

Nach dem Umfang kann man folgende Arten der Handlungsvollmacht unterscheiden:

allgemeine Handlungsvollmacht

- **Allgemeine Handlungsvollmacht (Gesamtvollmacht):** Sie ermächtigt zur Vornahme aller Geschäfte und Rechtshandlungen, die der Betrieb dieses Handelsgewerbes gewöhnlich mit sich bringt. Artfremde Geschäfte und solche von außergewöhnlichem Umfang sind ausgeschlossen. Diese Art der Vollmacht haben im Allgemeinen Abteilungsleiter, Filialleiter, Geschäftsführer, Betriebsleiter.

Artvollmacht

- **Artvollmacht:** Sie ermächtigt zur ständigen Vornahme einer bestimmten, zu einem Handelsgewerbe gehörenden Art von Geschäften. Artvollmacht haben z. B. Lagerverwalter, Einkäufer, Verkäufer, Buchhalter.

Einzelvollmacht

- **Einzelvollmacht (Sondervollmacht):** Sie ermächtigt zur einmaligen Vornahme einzelner zu einem Handelsgeschäft gehörenden Geschäfte (Forderungen einziehen, Darlehen aufnehmen).

Ladenvollmacht

- **Ladenvollmacht:** Sie ermächtigt Angestellte in einem Laden oder offenen Warenlager zu Verkäufen, der Annahme von Waren sowie des Kaufpreises. Werden gesonderte Kassenangestellte beschäftigt, so haben nur diese Inkassovollmacht (Artvollmacht).

Prokura

LZ 5.5, 5,6

Prokura ist eine umfassende Handlungsvollmacht mit gesetzlich festgelegtem, grundsätzlich unbeschränktem Umfang, die in das Handelsregister einzutragen ist. Handlungsbevollmächtigte, denen Prokura erteilt wurde, nennt man Prokuristen. Sie wird erst nach außen gegenüber Dritten wirksam, wenn sie bekannt gemacht wurde oder in das Handelsregister eingetragen wurde.

Die Prokura ermächtigt zu allen Arten von gerichtlichen und außergerichtlichen Geschäften und Rechtshandlungen, die der Betrieb eines Handelsgewerbes mit sich bringt (§ 49 HGB). Der Umfang der Prokura ist gesetzlich festgelegt.

LZ 5.7 **Nach dem Umfang** kann man folgende Arten der Prokura unterscheiden:

Einzelprokura

- **Einzelprokura:** Eine einzelne Person ist allein ermächtigt.

Gesamtprokura

- **Gesamtprokura:** Mehrere Personen sind gemeinschaftlich ermächtigt. Sie müssen ihre Handlungen gemeinsam absprechen und ihre Entscheidungen gemeinsam treffen und unterschreiben (§ 48 Abs. II HGB).

Filialprokura

- **Filialprokura:** Wenn eine Unternehmung mehrere Niederlassungen unter verschiedenen Firmen betreibt, so kann die Prokura auf eine Niederlassung beschränkt sein (§ 50 Abs. III HGB).

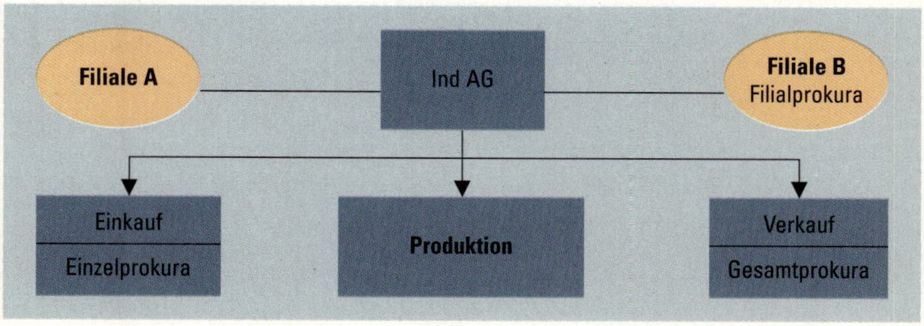

2.3.2 Erteilung von Handlungsvollmacht und Prokura

Handlungsvollmacht

Allgemeine Handlungsvollmacht kann von

- Kaufleuten,
- Prokuristen,
- besonders dazu Ermächtigten erteilt werden.

Die Erteilung der Vollmacht kann stillschweigend oder ausdrücklich vorgenommen werden. Die Gesamtvollmacht wird nicht in das Handelsregister eingetragen, in den meisten Fällen den Geschäftspartnern aber mitgeteilt.

Jeder Bevollmächtigte kann Untervollmachten erteilen.

Übersicht: Vollmachtserteilung

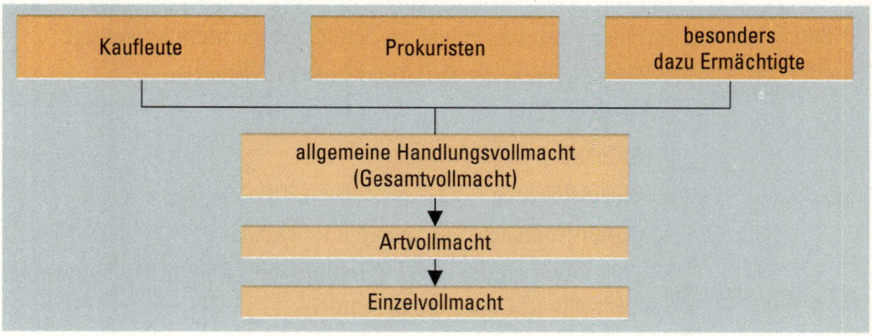

LZ 5.10

Prokura

Die Prokura kann nur von einem **Kaufmann oder seinem gesetzlichen Vertreter** mittels ausdrücklicher Erklärung, d. h. schriftlich oder mündlich, erteilt werden (§ 48 Abs. I HGB). Die Erteilung der Prokura ist zur **Eintragung in das Handelsregister** anzumelden (§ 53 Abs. I HGB).

Gesellschaftsrecht

Prokura kann auch an beschränkt geschäftsfähige Minderjährige und an Personen, die keine Handlungsgehilfen (z. B. Ehefrauen) sind, erteilt werden. Zu beachten ist, dass die Prokura im **Innenverhältnis** (zwischen Unternehmer und Prokuristen also) bereits mit der Erteilung wirksam ist.

Übersicht: Prokuraerteilung

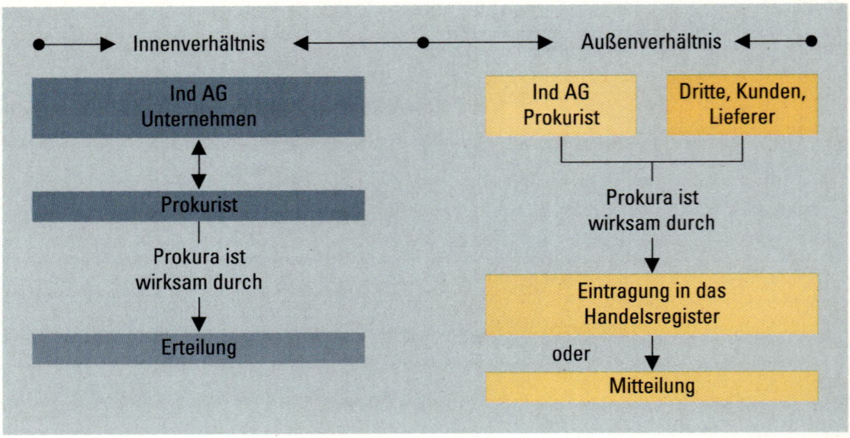

2.3.3 Verbotene Rechtsgeschäfte und Sondervollmachten

LZ 5.4

Handlungsbevollmächtigte

verbotene Geschäfte von Handlungsbevollmächtigten

Der Handlungsbevollmächtigte ist außer zu den Rechtsgeschäften, die dem Prokuristen verboten sind (vgl. unten), zu den folgenden **nicht berechtigt**:

- Veräußerung oder Belastung von Grundstücken,
- Eingehen von Wechselverbindlichkeiten,
- Aufnahme von Darlehen,
- Prozessführung,
- Gesamtvollmacht auf andere übertragen.

Zu diesen Geschäften ist der Handlungsbevollmächtigte nur ermächtigt, wenn ihm eine Sondervollmacht dazu erteilt wurde.

Sonstige Beschränkungen sind möglich, aber nur dann wirksam, wenn Dritte sie kannten oder kennen müssten. Im Allgemeinen werden sie dem Geschäftspartner mitgeteilt. Angenommen, der Gesamtbevollmächtigte A hat in Zukunft nur noch mit dem Gesamtbevollmächtigten B gemeinsam die Vertretungsmacht, so gelten alle Rechtsgeschäfte nur, wenn A und B gemeinsam handeln und unterschreiben. Diese Beschränkung brauchen Dritte nur dann gegen sich gelten lassen, wenn sie sie kannten oder kennen mussten.

LZ 5.6

Beschränkungen der Prokura

Prokuristen

Gesetzliche Beschränkungen

- Bilanz, Steuererklärungen unterschreiben,
- Geschäft auflösen oder verkaufen,
- Gesellschafter aufnehmen,
- Insolvenz anmelden,
- Prokura erteilen,
- Eintragungen in das Handelregister anmelden,
- Eid für Unternehmer leisten.

Für die Veräußerung und Belastung von Grundstücken benötigt der Prokurist eine Sondervollmacht.

Sonstige Beschränkungen sind **nur im Innenverhältnis** möglich, aber Dritten gegenüber **(im Außenverhältnis) unwirksam.**

Angenommen, dem Prokuristen wird ausdrücklich die Aufnahme von Darlehen untersagt, so sind alle Darlehensverträge mit Dritten trotz Beschränkungen im Innenverhältnis rechtswirksam. Allerdings muss der Prokurist für den entstandenen Schaden einstehen.

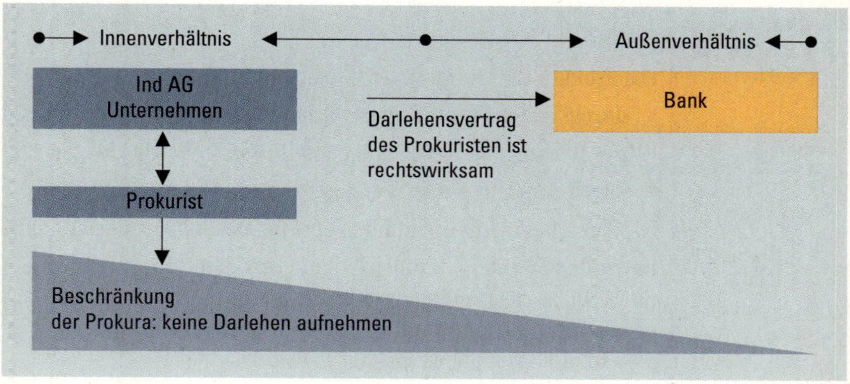

Gesellschaftsrecht

2.3.4 Unterschriftszusätze für Handlungsbevollmächtigte und Prokuristen

Handlungsbevollmächtigte

Zeichnung des Handlungsbevollmächtigten und des Prokuristen

Der Bevollmächtigte zeichnet Schriftstücke mit einem Zusatz, der das Vollmachtsverhältnis ausdrücken soll (§ 57 HGB). In der Praxis ist es üblich, dass der Bevollmächtigte zum Namen der Firma seine Unterschrift mit dem Zusatz **„i. V.“** (in Vollmacht) setzt, wenn er allgemeine Handlungsvollmacht besitzt. Für Art- oder Sondervollmacht wird auch der Zusatz **„i. A.“** (im Auftrag) verwendet.

BEISPIEL:

Ind AG	Ind AG
i. A. Krüger	i. V. Kolbe

Prokuristen

Der Prokurist zeichnet Schriftstücke in der Weise, dass er der Firma seinen Namen mit einem Zusatz beifügt, aus dem die Prokura hervorgeht (§ 51 HGB). Meistens steht der Zusatz **„ppa."** oder **„pp."** vor dem Namen der Firma oder vor der Unterschrift des Prokuristen:

BEISPIEL:

Ind AG	Ind AG
ppa. Kolbe	pp. Krüger pp. Erbe
(Einzelprokura)	(Gesamtprokura)

2.3.5 Erlöschen von Handlungsvollmacht und Prokura

LZ 5.4

Beendigung von Handlungsvollmacht und Prokura

Handlungsvollmacht

Allgemeine Handlungsvollmacht erlischt

- **durch Widerruf.** Er ist jederzeit möglich;
- **mit Beendigung des Rechtsverhältnisses** (Ausscheiden aus Dienstverhältnis);
- **durch Auflösung oder Veräußerung des Unternehmens.**

LZ 5.5

Prokura

Die Prokura erlischt im Innenverhältnis

- **durch Widerruf.** Allerdings wird das Beschäftigungsverhältnis davon nicht berührt;
- **mit Beendigung des Rechtsverhältnisses** (Ausscheiden aus Dienstverhältnis);
- **durch Auflösung oder Veräußerung des Unternehmens.**

Die Prokura erlischt **nicht** durch den Tod des Inhabers des Unternehmens.

LZ 5.10

Im **Außenverhältnis** hat die Prokura erst dann ihre Wirksamkeit verloren, wenn das Erlöschen in das **Handelsregister** eingetragen (§ 53 Abs. III HGB) und bekannt gemacht wurde oder Dritte davon in Kenntnis gesetzt wurden. Solange dies nicht geschieht, gilt die Prokura im Außenverhältnis weiter.

2.3.6 Generalvollmacht

Umfang der Generalvollmacht

Der **Generalbevollmächtigte** ist nach dem Betriebsverfassungsgesetz (§ 5 Abs. 3) leitender Angestellter. Hält man sich an das Betriebsverfassungsgesetz, so kann man auf den Umfang der Generalvollmacht schließen. Danach erfüllt der Generalbevollmächtigte **unternehmerische Aufgaben** und trifft selbstständig unternehmerische Entscheidungen. Im strengen Sinne des Betriebsverfassungsgesetzes ist er nicht mit Angestellten zu verwechseln, die allenfalls Leitungsfunktion innehaben. Da es **keine gesetzlichen Bestimmungen** über die **Vertretungsmacht** des Generalbevollmächtigten gibt, muss der Umfang der Generalvollmacht in jedem Einzelfall gesondert **vertraglich** niedergeschrieben werden. In der Praxis gehen seine tatsächlichen Befugnisse wesentlich über die des Prokuristen hinaus. Er vertritt die Unternehmung bzw. den Vollmachtgeber in allen Geschäften oder in allen Geschäften eines größeren betrieblichen Teilbereichs (z. B. In- und Auslandsvertrieb).

3 Handelsregister

LZ 5.8

Nur derjenige ist **Kaufmann,** der unter seiner **Firma in das Handelsregister eingetragen** ist.

Das Handelsregister ist ein öffentliches Verzeichnis, das
- **beim Amtsgericht geführt wird,**
- **alle Kaufleute eines oder mehrerer Amtsgerichtsbezirke**
- **unter Angabe bestimmter Tatbestände enthält.**

Das Handelregister schafft Rechtsverhältnisse von Unternehmen. So ist z. B. eine Aktiengesellschaft erst dann eine Aktiengesellschaft, wenn die erforderliche Eintragung in das Handelsregister erfolgt ist. Das Handelregister erfüllt auch die Funktion, die Öffentlichkeit über die Rechtsverhältnisse von Firmen zu informieren.

Eintragung ins Handelsregister

Eine **Eintragung** erfolgt in der Regel aufgrund einer **Anmeldung** durch den Berechtigten (§ 12 HGB), nur in Ausnahmefällen **von Amts wegen** (z. B. Insolvenzeröffnung [§ 32 HGB]; Erlöschen der Firma von Amts wegen [§ 31 Abs. 2 HGB]). Die Anmeldung zur Eintragung erfolgt

- persönlich oder
- in öffentlich beglaubigter Form.

3.1 Inhalt des Handelsregisters

LZ 5.9

Es ist in **zwei** Abteilungen gegliedert:

Abteilung A	Abteilung B
▪ Einzelkaufleute ▪ Personengesellschaften – OHG – KG	▪ Kapitalgesellschaften – AG – KGaA – GmbH ▪ VVaG

Eingetragen werden können solche **Tatbestände,** die **für den Rechtsverkehr im Wirtschaftsleben von Bedeutung** sind. Beispiele:

Abteilung A	Abteilung B
– Firma – Name des Geschäftsinhabers bzw. der persönlich haftenden Gesellschafter – Ort der Niederlassung – Art der Prokura – Name des Prokuristen – Namen der Kommanditisten – Einlagen der Kommanditisten	– Firma – Namen der Vorstandsmitglieder (AG), der Geschäftsführer (GmbH) bzw. der persönlich haftenden Gesellschafter (KGaA) – Ort der Niederlassung – Gegenstand des Unternehmens – Höhe des Haftungskapitals – Tag der Satzungsfeststellung bzw. des Abschlusses des Gesellschaftsvertrags – Art der Prokura – Name des Prokuristen
geregelt in: §§ 8 ff., 53, 106, 162 HGB	geregelt in: §§ 8 ff., 53 HGB, §§ 39, 282 AktG, § 10 GmbHG

Die Unterschriften der Zeichnungsberechtigten müssen beim Registergericht hinterlegt werden.

Gesellschaftsrecht

Zur Eintragung müssen angemeldet werden:

- **Entstehung** der Tatbestände
- **Veränderung** der Tatbestände
- **Löschung** von Tatbeständen

Der Inhalt der Anmeldung wird vom Registergericht überprüft.

3.2 Wirkung und Bedeutung des Handelsregisters

Die **Eintragung** hat unterschiedliche **Wirkungen:**

Wirkung	Bedeutung	Beispiel
der Eintragung rechtsbegründend (konstitutiv)	Erst die Eintragung lässt die Tatsache rechtswirksam werden.	– Kaufmannseigenschaft bei Kleinunternehmen – Rechtsfähigkeit bei Kapitalgesellschaften
rechtsbekundend (deklaratorisch)	Auch ohne Eintragung ist die Tatsache rechtswirksam.	– Beginn und Ende des Betriebs eines Musskaufmanns – Erteilung der Prokura

BEISPIEL:

Amtliche Bekanntmachungen

Handelsregister

Für die in () gesetzten Angaben des Geschäftszweiges und der Anschrift besteht keine Gewähr.

Veränderungen

HR B 12 195 – 13.05.98: **PMG Parkhaus Marketing GmbH in Nürnberg** (90443; Gostenhofer Hauptstr. 35). Die Gesellschaft ist durch die rechtskräftige Konkursablehnung mangels Masse vom 6. April 1998 aufgelöst. Von Amts wegen eingetragen.

HR B 12 752 – 13.05.98: **SELLBYTEL Telefon- und Direktmarketing GmbH in Nürnberg** (90459; Nelson-Mandela-Platz 18 – 22). Zum Geschäftsführer ist bestellt: Besserer, Frank, Wirtschaftsinformatiker in Rösrath.

HR B 13 236 – 13.05.98: **Terraplan Reisebüro Heim GmbH in Nürnberg** (90402; Jakobstr. 9). Die Gesellschafterversammlung vom 8. April 1998 hat § 1 Absatz 1 (Firma) und § 2 (Gegenstand des Unternehmens) der Satzung geändert. Die Firma ist geändert in **Reisebüro Heim GmbH.** Gegenstand des Unternehmens: der Betrieb eines Reisebüros mit allen zu dieser Branche gehörenden Tätigkeiten.

Löschungen

HR B 4756 – 13.05.98: **LEBA Grundstücksverwaltungsgesellschaft mbH in Nürnberg** (90403); Josephsplatz 19). Die Liquidation ist beendet. Die Gesellschaft ist erloschen.

HR B 6323 – 13.05.98: **Roland Beichel GmbH in Nürnberg** (c/o Liquidation, 90552 Röthenbach, Laufer Weg 136). Die Gesellschaft ist aufgrund beendeter Liquidation erloschen.

HR B 8210 – 13.05.98: **Reinhard Steeger Gaststätten Beriebsgesellschaft mbH in Nürnberg** (90402; Am Pulversee 1). Die Gesellschaft ist aufgrund des § 2 des Gesetzes über die Auflösung und Löschung von Gesellschaftern und Genossenschaften von Amts wegen gelöscht.

HR B 10 374 – 15.05.98: **Seven Technologies GmbH in Burgthann-Mirmberg** (90559); Konratsbank 14 a). Der Sitz der Gesellschaft ist nach Prerow (18375 Ostseeband Prerow; c/o BHI, Ziegelteich 29, 24103 Kiel) verlegt.

HR B 12 226 – 13.05.98: **„The Shop" Warenhandels GmbH in Nürnberg** (90475; Altenfurther Str. 80). Die Gesellschaft ist aufgrund beendeter Liquidation erloschen.

Öffentlichkeit

Die Eintragungen ins Handelsregister werden im **Bundesanzeiger** (Zentralhandelsregister) und durch mindestens eine **örtliche Tageszeitung** (Verkündungsblatt) **bekannt gemacht** (§§ 10, 11 HGB). Dem **Grundsatz der Öffentlichkeit** wird weiterhin dadurch Rechnung getragen, dass **jedermann Einsicht** in das Register und die Registerakte neh-

Gesellschaftsrecht

men kann (§ 9 Abs. 1 HGB). Wer ein **berechtigtes Interesse** nachweist, kann sogar eine **beglaubigte Abschrift** von Register und Registerakte verlangen (§ 9 Abs. 2 HGB). Dennoch genießt das Handelsregister nur in beschränktem Umfang **öffentlichen Glauben:** Es wird lediglich die **Richtigkeit der Eintragung vermutet:**

- **Eingetragene und bekannt gemachte Tatsachen muss ein Dritter (z. B. ein Geschäftspartner) gegen sich gelten lassen, auch wenn er sie nicht kannte oder nicht kennen musste (§ 15 Abs. 2 HGB).**
- **Ist eine Tatsache nicht eingetragen und nicht bekannt gegeben, so kann sie einem Dritten nicht entgegengehalten werden, es sei denn, sie war ihm bekannt (§ 15 Abs. 1 HGB).**

Das bedeutet:

BEISPIELE:

- Die Prokura des Egon Hauser wurde gelöscht; die Löschung wurde öffentlich bekannt gemacht. Der Schuldner Maier zahlt 1.000,00 € an Hauser. Die Robert Müller GmbH kann von Maier den Betrag nochmals verlangen.
- Die Prokura Karl Jensen wurde durch die Robert Müller GmbH intern widerrufen. Der Schuldner Maier zahlt nun mit befreiender Wirkung an Jensen. Anders wäre es, wenn die GmbH alle Geschäftsfreunde brieflich vom Widerruf verständigt hätte.

Überblick

Handelsregister

Anmeldung der einzutragenden Tatsache

↓

Prüfung der Anmeldung durch Registergericht

↓

Eintragung in	
Abteilung A	Abteilung B
Einzelunternehmen Personengesellschaften	Kapitalgesellschaften VVaG

mit deklaratorischer oder konstitutiver Wirkung

↓

Bekanntmachung in Bundesanzeiger und örtlicher Tageszeitung

↓

Vermutung der Richtigkeit der Eintragung (eingeschränkter öffentlicher Glaube)

Jedermann hat das Recht,
- das Register und die Registerakte einzusehen;
- bei berechtigtem Interesse eine Abschrift zu verlangen.

Lernzielkatalog

KURATORIUM
KWE
Wirtschaftskompetenz
für Europa e.V.
KURATORIUM

Lernzielkatalog

zur Vorbereitung auf die Prüfung zum „Europäischen Wirtschaftsführerschein“

Stufe A

Version 2003 für Deutschland und Österreich

Stand: 040101-3 (Mai 2004)

Der vorliegende Katalog wurde von der Entwicklungsgruppe „Europäischer Wirtschaftsführerschein – EEWFS“ erstellt. Er umfasst die Lernziele, deren Erreichen die Voraussetzung für ein erfolgreiches Bestehen der Prüfungen zum Europäischen Wirtschaftsführerschein der Stufe A darstellt. Das für die Beantwortung der Wissensfragen, der Verständnisfragen und zur Lösung der Fallstudie der Prüfung zum Europäischen Wirtschaftsführerschein erforderliche Wissen muss vollständig gelernt werden.

Während die definierten Groblernziele weit gehend dem Typus der Ziele in Globalcurricula bzw. Lehrplänen staatlicher Bildungssysteme entsprechen, sind die abgeleiteten Feinlernziele des Europäischen Wirtschaftsführerscheins so weit differenziert, dass sie im Sinne der Anforderungen der empirischen Sozialforschung intersubjektiv überprüft werden können. Dies ermöglicht einerseits den Vergleich von Prüfungen, die zu unterschiedlichen Zeiten, an unterschiedlichen Orten und durch unterschiedliche Beurteilerinnen und Beurteiler durchgeführt werden und andererseits den Einsatz in unterschiedlichen Bildungssystemen ohne methodische Veränderungen. Die ausgewiesenen Lernziele sind also sowohl operational als auch transferierbar.

Der Lernzielkatalog dient Prüfungszentren zum Erwerb des Europäischen Wirtschaftsführerscheins (WPZ), Autoren und Autorinnen sowie Verlagen zur Entwicklung effektiver Bildungsmedien, Anbieterinnen und Anbietern von Vorbereitungslehrgängen zur Planung und Durchführung ihrer Lehr- und Prüfungsmaßnahmen sowie den Lernenden zur Prüfungsvorbereitung. Er wird allen Interessierten durch das Kuratorium Wirtschaftskompetenz für Europa e. V., dem ideellen Träger des Europäischen Wirtschaftsführerscheins, zur Verfügung gestellt.

Paderborn, im Mai 2004

Univ.-Prof. Dr. Dr. Gerhard E. Ortner

Vorsitzender des Vorstandes des Kuratoriums Wirtschaftskompetenz für Europa e. V.

Themenbereich Bilanzierung

Definierte Groblernziele

- Einen Jahresabschluss (Bilanz, GuV-Rechnung) korrekt lesen, in seinen Grundzügen verstehen und erste Schlüsse daraus ziehen können.
- Die im Jahresabschluss vorkommenden, wesentlichsten Begriffe erläutern können.

Abgeleitete Feinlernziele

Themen	Lernziele
1 Allgemeines Verständnis	1.1 Den Aufbau einer Bilanz wiedergeben und erläutern können.
	1.2 Erklären können, warum Aktiva und Passiva stets gleich hoch sein müssen.
2 Aktiva	2.1 Die Begriffe „Vermögensseite", „Aktiva", „Soll" definieren, erläutern und anwenden können.
	2.2 Den Begriff „Anlagevermögen" definieren, erläutern und Beispiele hierfür nennen können.
	2.3 Den Begriff „Umlaufvermögen" definieren, erläutern und Beispiele hierfür nennen können.
3 Passiva	3.1 Die Begriffe „Kapitalseite", „Passiva", „Haben" definieren, erläutern und anwenden können.
	3.2 Den Begriff „Eigenkapital" definieren und die Bedeutung des Eigenkapitals erläutern können.
	3.3 Den Begriff „Fremdkapital" definieren, erläutern und Beispiele hierfür nennen können.
4 Inventur	4.1 Die Schritte zur Erstellung einer Inventur aufzählen und erläutern können.
5 Ermittlung des Jahresergebnisses	5.1 Die Ermittlung des Jahresergebnisses mit dem Bilanzvergleich beschreiben und erläutern können.
	5.2 Den Begriff „Lieferforderungen" definieren, erläutern und in den Jahresabschluss einordnen können.
	5.3 Den Begriff „Lieferverbindlichkeiten" definieren, erläutern und in den Jahresabschluss einordnen können.
6 Rückstellungen	6.1 Den Begriff „Rückstellung" definieren, erläutern und in den Jahresabschluss einordnen können.
	6.2 Die Gründe für die Bildung von Rückstellungen nennen und erläutern können.
	6.3 Die Begriffe „Rückstellungen" und „Verbindlichkeiten" definieren und erläutern können, worin der wesentliche Unterschied zwischen ihnen besteht.

7 Rücklagen	7.1 Den Begriff „Rücklagen“ definieren, erläutern und in den Jahresabschluss einordnen können. 7.2 Die Gründe für die Bildung von Rücklagen nennen und erläutern können. 7.3 Die Begriffe „Rückstellungen“ und „Rücklagen“ definieren und erläutern können, worin der wesentliche Unterschied zwischen ihnen besteht.
8 GuV-Rechnung	8.1 Den Aufbau einer GuV-Rechnung wiedergeben und erläutern können. 8.2 Beschreiben und erläutern können, wie das Jahresergebnis mithilfe der GuV-Rechnung ermittelt wird. 8.3 Erläutern können, warum im Jahresabschluss auch Geschäftsvorfälle berücksichtigt werden, die noch nicht zu einer Einzahlung bzw. Auszahlung geführt haben.
9 Umsatz	9.1 Den Begriff „Umsatz“ definieren, erläutern, berechnen und in den Jahresabschluss einordnen können. 9.2 Die Begriffe „Umsatz“ und „Gewinn“ definieren und erläutern können, warum Umsatz nicht gleich Gewinn ist.
10 lineare Abschreibung	10.1 Den Begriff „Abschreibung“ definieren und erläutern können. 10.2 Die lineare Abschreibung berechnen können.
11 Aktivierungspflicht	11.1 Den Begriff „Aktivierungspflicht“ definieren und erläutern können. 11.2 Zuordnen können, welche Positionen in der Bilanz aktiviert bzw. in die GuV-Rechnung aufgenommen werden müssen. 11.3 Erläutern können, in welchen Fällen in der Bilanz aktivierte Ausgaben den Gewinn vermindern können.
12 Unterschied zur GuV in Kontenform	12.1 Den Aufbau der GuV in Staffelform wiedergeben, erläutern und analysieren können. 12.2 Beschreiben und erläutern können, welchen Vorteil die GuV-Rechnung in Staffelform gegenüber der GuV-Rechnung in Kontenform bietet.
13 Aufbau der GuV in Staffelform	13.1 Den Begriff „Betriebsergebnis (operatives Ergebnis)“ definieren und erläutern können. 13.2 Den Begriff „EGT (Ergebnis der gewöhnlichen Geschäftstätigkeit)“ definieren und erläutern können. 13.3 Den Begriff „Finanzergebnis“ definieren und erläutern können. 13.4 Den Begriff „außerordentliches Ergebnis“ definieren und erläutern können.

Themen	Lernziele
	13.5 Den Begriff „Bilanzgewinn" definieren und erläutern können.
	13.6 Den Begriff „Jahresergebnis" definieren und erläutern können.
	13.7 Betriebsergebnis, EGT, außerordentliches Ergebnis, Jahresergebnis und Bilanzgewinn mit der Grundformel berechnen können.
14 Analyse der GuV in Staffelform	14.1 Erläutern können, wie jeweils ein negatives oder positives Betriebsergebnis zustande gekommen sein kann.
	14.2 Erläutern können, wie jeweils ein negatives oder positives EGT zustande gekommen sein kann.
	14.3 Erläutern können, welche Auswirkungen außerordentliche Ereignisse auf das Jahresergebnis haben können.
	14.4 Beschreiben und erläutern können, wie ein positives Jahresergebnis verwendet werden kann.
15 Jahresabschluss	15.1 Anhand einer einfachen Fallstudie sämtliche in den Lernzielen 1.–15. genannten Fachbegriffe des Themenbereiches „Bilanzierung" analysieren, miteinander verknüpfen und anwenden können.

Themenbereich Kennzahlen-Analyse

Definiertes Groblernziel

- Die wichtigsten Ziele des Unternehmens kennen und jene Kennzahlen, die hinter diesen Zielen stehen, erläutern können

Abgeleitete Feinlernziele

Themen	Lernziele
1 Rentabilität	1.1 Erläutern können, warum die Erwirtschaftung von Gewinn noch nichts über die Rentabilität eines Unternehmens aussagt.
	1.2 Den Begriff „Eigenkapitalrentabilität" definieren und erläutern können.
	1.3 Die Eigenkapitalrentabilität mit der Grundformel berechnen können.
	1.4 Die Höhe von erzielten Eigenkapitalrentabilitäten beurteilen und einordnen können.
	1.5 Den Begriff „Return On Investment (ROI)" definieren und erläutern können.
	1.6 Den ROI mithilfe der Grundformel berechnen können.
	1.7 Die Höhe des ROI bewerten und einordnen können.

2 Liquidität	2.1 Den Begriff „Liquidität“ definieren und erläutern können.
	2.2 Den Begriff „liquide Mittel“ definieren und erläutern können und angeben, wo diese im Jahresabschluss zu finden sind.
	2.3 Den Begriff „Liquiditätsengpass“ definieren und erläutern können.
	2.4 Erläutern können, warum die Liquidität eine Kennzahl von zentraler Bedeutung für ein Unternehmen ist.
	2.5 Die Liquidität ersten Grades mit der Grundformel berechnen können.
	2.6 Angeben, wie hoch die Liquidität eines Unternehmens sein sollte, und die Gründe hierfür nennen können.
3 Eigenkapitalquote	3.1 Den Begriff „Eigenkapitalquote“ definieren und erläutern können.
	3.2 Die Eigenkapitalquote mit der Grundformel berechnen können.
	3.3 Den Begriff „Verschuldungsgrad“ definieren und erläutern können.
	3.4 Den Verschuldungsgrad mit der Grundformel berechnen können.
	3.5 Erläutern können, warum die Eigenkapitalquote eine Kennzahl von zentraler Bedeutung für ein Unternehmen ist.
4 Cashflow	4.1 Den Begriff „Cashflow“ definieren und erläutern können.
	4.2 Den Cashflow mit der Grundformel berechnen können.
5 Produktivität	5.1 Den Begriff „Produktivität“ definieren und erläutern können.
	5.2 Die Bedeutung der Produktivität für ein Unternehmen beurteilen können.
6 Umsatzrentabilität	6.1 Den Begriff „Umsatzrentabilität“ definieren und erläutern können.
	6.2 Die Umsatzrentabilität mit der Grundformel berechnen können.
	6.3 Die Höhe der Umsatzrentabilität bewerten und einordnen können.

Themenbereich Kostenrechnung

Definierte Groblernziele

- Die wichtigsten Ziele, Aufgaben und Grundbegriffe der Kostenrechnung kennen.
- Die Rahmenbedingungen für unternehmerische Entscheidungen (Markt, Kunden, Wettbewerb, Selbstkosten) kennen.
- Das „Deckungsbeitragskonzept“ in der Kalkulation erläutern können.
- Die Notwendigkeit für Kostenbewusstsein begründen sowie die dazu notwendigen Instrumente und Konzepte erläutern können.
- Das Profit-Center-Konzept beschreiben können.

Abgeleitete Feinlernziele

Themen	Lernziele
1 **Aufgaben der Kostenrechnung**	1.1 Die Ziele der Kostenrechnung erläutern und definieren können.
	1.2 Den Unterschied zwischen Finanzbuchhaltung und Kostenrechnung erläutern können.
	1.3 Erläutern können, warum Werte aus der Finanzbuchhaltung für die Kostenrechnung berichtigt werden müssen.
2 **Begriffe der Kostenrechnung**	2.1 Den Begriff „Kostenarten“ definieren, erläutern und Beispiele dafür nennen können.
	2.2 Den Begriff „Kostenstelle“ definieren, erläutern und Beispiele dafür nennen können.
	2.3 Den Begriff „Kostenträger“ definieren, erläutern und Beispiele dafür nennen können.
	2.4 Den Begriff „Einzelkosten“ definieren, erläutern und Beispiele dafür nennen können.
	2.5 Den Begriff „Gemeinkosten“ definieren, erläutern und Beispiele dafür nennen können.
	2.6 Den Begriff „Fixkosten“ definieren, erläutern und Beispiele dafür nennen können.
	2.7 Den Begriff „variable Kosten“ definieren, erläutern und Beispiele dafür nennen können.
	2.8 Die Vollkostenrechnung in ihren Grundzügen beschreiben und erläutern können.
	2.9 Die Teilkostenrechnung in ihren Grundzügen beschreiben und erläutern können.

3 Kalkulation	3.1	Die verschiedenen Marktformen (Monopol, Oligopol, vollkommene Konkurrenz) nennen, beschreiben und erläutern können.
	3.2	Den Begriff „Nachfragemonopol" definieren und erläutern können.
	3.3	Unterschiedliche Preisspielräume zu unterschiedlichen Marktformen zuordnen und die Zuordnung begründen können.
	3.4	Die Preis-Absatz-Funktion darstellen und erläutern können.
	3.5	Nennen und erläutern können, welche Faktoren den Preis eines Produktes wesentlich beeinflussen.
	3.6	Die langfristige Preisuntergrenze beschreiben, erläutern und berechnen können.
	3.7	Die kurzfristige Preisuntergrenze beschreiben, erläutern und berechnen können.
	3.8	Den Deckungsbeitrag eines Produktes und/oder Auftrags definieren, berechnen und in der Anwendung berücksichtigen können.
	3.9	Die Bedeutung des Deckungsbeitrages für die Kalkulation erläutern können.
	3.10	Die Auswirkungen des Deckungsbeitrages auf das Betriebsergebnis erläutern können.
	3.11	Darstellen können, inwiefern sich die Auslastung in der Kalkulation auswirkt.
	3.12	Die positiven und negativen Auswirkungen von deckungsbeitragsorientierten Preisen auf den Markt nennen, erläutern und in der Anwendung berücksichtigen können.
	3.13	Die kurzfristige Bedeutung der deckungsbeitragsorientierten Kalkulation erläutern und dieser in der Anwendung entsprechen können.
	3.14	Die langfristige Bedeutung der deckungsbeitragsorientierten Kalkulation erläutern und dieser in der Anwendung entsprechen können.
4 Kostenstellenrechnung	4.1	Den Hauptzweck der Kostenstellenrechnung nennen und erläutern können.
	4.2	Die Funktionen eines Betriebsabrechnungsbogens (BAB) nennen und erläutern können.
	4.3	Den Zweck der „innerbetrieblichen Leistungsverrechnung" definieren und erläutern können.
5 Profit-Center-Rechnung	5.1	Den Hauptzweck der Profit-Center-Rechnung nennen und erläutern können.

5.2 Die Vor- und Nachteile der Profit-Center-Rechnung im Vergleich zur Kostenstellenrechnung nennen und erläutern können.

5.3 Den Beurteilungsmaßstab für Profit-Center-Verantwortliche nennen und erläutern können.

5.4 Den Deckungsbeitrag eines Profit-Centers berechnen können.

5.5 Den Deckungsbeitrag eines Profit-Centers interpretieren können.

5.6 Maßnahmen aus Ergebnissen der Profit-Center-Rechnung ableiten können.

Themenbereich Gesellschaftsrecht

Definierte Groblernziele

- Begründen können, warum es mehrere Rechtsformen gibt.
- Grundsätzliche Entscheidungsgrundlagen für die Wahl einer Rechtsform kennen.
- Die wichtigsten Merkmale, Vor- und Nachteile der wichtigsten Rechtsformen kennen.
- Die Bedeutung sowie die Merkmale der rechtsverbindlichen Zeichnung der Firma (Firmenname, Vertretungsbefugnisse; in Österreich: „firmenmäßige Zeichnung“) kennen.
- Die Kompetenzen von Handlungsbevollmächtigten und Prokuristen kennen.

Abgeleitete Feinlernziele

Themen	Lernziele
1 Rechtsformen	1.1 Erläutern können, warum es verschiedene Rechtsformen gibt. 1.2 Definieren und erläutern können, was man unter „solidarischer Haftung“ versteht. 1.3 Definieren und erläutern können, was man unter „persönlicher, unbeschränkter Haftung“ versteht.
2 Einzelunternehmen	2.1 Die wichtigsten Merkmale (Zahl der Gesellschafter, Haftungsverhältnisse, Art der Gesellschaftsform, Gründungsaufwand, Rechte und Pflichten der Gesellschafter) eines Einzelunternehmens nennen können. 2.2 Die Vor- und Nachteile eines Einzelunternehmens nennen und erläutern können.
3 Personengesellschaften	3.1 Die wichtigsten Merkmale (Zahl der Gesellschafter, Haftungsverhältnisse, Art der Gesellschaftsform, Gründungsaufwand, Rechte und Pflichten der

Gesellschafter) einer offenen Handelsgesellschaft (OHG) nennen und die Vor- und Nachteile dieser Rechtsform erläutern können.

3.2 Die Rechte und Pflichten der Gesellschafter einer OHG aufzählen und erläutern können.

3.3 Die wichtigsten Merkmale (Zahl der Gesellschafter, Haftungsverhältnisse, Art der Gesellschaftsform, Gründungsaufwand, Rechte und Pflichten der Gesellschafter) einer Kommanditgesellschaft (KG) nennen und die Vor- und Nachteile dieser Rechtsform erläutern können.

3.4 Die Bezeichnungen der Gesellschafter einer KG wiedergeben sowie deren Rechte und Pflichten aufzählen und erläutern können.

4 Kapitalgesellschaften

4.1 Die wichtigsten Merkmale (Zahl der Gesellschafter, Haftungsverhältnisse, Art der Gesellschaftsform, Gründungsaufwand, Rechte und Pflichten der Gesellschafter) einer Gesellschaft mit beschränkter Haftung (GmbH) nennen und die Vor- und Nachteile dieser Rechtsform erläutern können.

4.2 Die wichtigsten Merkmale (Zahl der Gesellschafter, Haftungsverhältnisse, Art der Gesellschaftsform, Gründungsaufwand, Rechte und Pflichten der Gesellschafter) einer Aktiengesellschaft (AG) nennen und die Vor- und Nachteile dieser Rechtsform erläutern können.

4.3 Den wichtigsten Grund zur Gründung einer AG nennen können.

4.4 Die Organe einer AG und deren Aufgaben und Rechte aufzählen können.

4.5 Den Begriff „Nominale (Nominalwert) einer Aktie“ definieren und erläutern können.

4.6 Den Begriff „Kurswert einer Aktie“ definieren und erläutern können.

4.7 Den Begriff „Dividende“ definieren und erläutern können.

5 Vertretungsbefugnisse

5.1 Den Begriff „rechtsverbindliche Zeichnung der Firma“ (in Österreich: „firmenmäßige Zeichnung“) definieren und erläutern können.

5.2 Die gesetzlichen Regelungen für die Vergabe des Firmennamens nennen und erläutern können.

5.3 Die gesetzlichen Regelungen für die Vertretungsbefugnisse von Gesellschaftern verschiedener Rechtsformen (GmbH, AG, OHG, KG) nennen und erläutern können.

5.4 Den Begriff „Handlungsvollmacht" definieren und erläutern können.

5.5 Den Begriff „Prokura" definieren und erläutern können.

5.6 Die Entscheidungsbefugnisse eines Prokuristen nennen und erläutern können.

5.7 Den Unterschied zwischen Einzel- und Gesamtprokura nennen und erläutern können.

5.8 Die Funktionen des Handelsregisters (in Österreich: Firmenbuch) aufzählen können.

5.9 Die Informationen, die im Handelsregister (in Österreich: Firmenbuch) zu finden sind, aufzählen können.

5.10 Jene Änderungen von Vertretungsbefugnissen und Haftungsbedingungen nennen können, die im Handelsregister (in Österreich: Firmenbuch) eingetragen werden müssen.